Christian Haeutle

Die Oberpfalz und ihre Regenten in den Jahren 1404 bis 1448

Christian Haeutle

Die Oberpfalz und ihre Regenten in den Jahren 1404 bis 1448

ISBN/EAN: 9783743363410

Hergestellt in Europa, USA, Kanada, Australien, Japan

Cover: Foto ©ninafisch / pixelio.de

Manufactured and distributed by brebook publishing software
(www.brebook.com)

Christian Haeutle

Die Oberpfalz und ihre Regenten in den Jahren 1404 bis 1448

Die Oberpfalz
und ihre Regenten

in den Jahren

1404 bis 1448.

—•◆•—

Historische Monographie

von

Dr. Chr. Häutle,

k. b. Reichsarchivassessor, Ehrenmitglied des historischen Vereins für
Oberfranken in Bamberg ꝛc.

———

(Mit 17 noch ungebruckten Urkunden und einer Karte.)

Die Oberpfalz und ihre Regenten

in den Jahren 1404 bis 1448.

Mit der untern oder Rheinpfalz war auf Ruprecht III. Clem (Clemens) auch die sogenannte Oberpfalz durch den am 6. Januar 1398 erfolgten Tod seines Vaters, des Kurfürsten Ruprecht II. Adolph übergegangen.

In der Regel legte man die Verwaltung dieser wichtigen vom Hauptlande ziemlich entfernten Provinz in die Hände des eventuellen Kur-Erben oder sonst eines Mitgliedes des regierenden Hauses Wittelsbach. So waren nacheinander Ruprecht I., Ruprecht II. Adolph, und auch Ruprecht III. Regenten der Oberpfalz und zwar in zweifacher Eigenschaft gewesen, einmal für die ihnen zugehörigen Theile des Landes und dann stellvertretend auch im Kur-Antheile, dem s. g. Kur-Präcipuum, das jedem Kurfürsten von den rhein- und oberpfälzischen Gebieten (neben seiner Viril-Portion) im Voraus zukam und gleichsam als unveräußerliches Stammgut betrachtet werden muß, bestimmt, beim Vorhandensein mehrerer Erben den Glanz und die Bedeutung der Kurwürde und beziehungsweise ihres jeweiligen Inhabers wesentlich zu erhöhen.*)

*) Das Kur-Präcipuum wurde von Ruprecht I. durch Deklaration vom 26. August 1368 und zwar mit Einwilligung seines gleichnamigen Neffen Ruprecht II. eingeführt. Die Urkunde ist abgedruckt in der „Gründl. Deduction des Ihro Churf. Drcht. auff die eventuale Succession In das Herz. Zweibrücken zustehenden Primogenitur-Rechts 1727." Beilage VIII.

1*

4

Mit Ruprecht Clem, welcher der einzige Erbe seines Vaters war, hatten die seit 1338 auch in der Kurpfalz eingerissenen kleinen Landestheilungen *) ihr vorläufiges Ende erreicht. Er besaß neben der Kurpfalz, welche er jüngst durch den Erwerb der Städte, Schlösser und Dörfer Oppenheim, Obernheim, Schwabsburg, Nierstein, beider Ingelheim und Lautern's (20. August 1402) **) vergrößerte, die ganze Oberpfalz, soweit sie im Hausvertrag von Pavia an die Rudolphinische Linie gekommen war.

Vom Januar 1398 bis zum Sommer des Jahres 1404 scheint Ruprecht, auch nachdem er am 21. August 1400 deutscher König geworden, die Oberpfalz direkt und unmittelbar verwaltet zu haben. ***) Erst am 28. Mai 1404 übergab er zu Heidelberg all seine Besitzungen „in Bayern" mit Land und Leuten seinem zweitältesten Sohne Johann zu beinahe souveräner Regierung „also das er furbas damit thun vnd lassen sol vnd er mag als ein herre mit seine lande vnd armen luten". †)

---

*) In Bayern gehen sie bekanntlich bis 1255 zurück. Vergl. meine „Kleinen Hülfsmittel beim Studium der b. Geschichte", Separat-Abdruck aus dem B. XXVI des Oberb. Archivs S. 19 ff.

**) Förmlich giengen diese ehemaligen Reichs-Pfandschaften erst am 1. April 1407 an die Kurpfalz über. G. W. Hugo Mediatisirung der ꝛc. Reichsstädte. Urkde. 50 f. S. 292 ff.

***) Hiefür sprechen die Urkunden desselben vom 20. Juli, 14. Aug. und 5. September 1398 (Regesta Bolca XI 134, 136 und 137), vom 23. Februar und 7. Mai 1399 (a. a. O. 149 und 153.), vom 7. Febr. und 11. Juli 1400 (a. a. O. 171 und 182.) u. s. w. Vicedome (hier vielleicht Statthalterei-Vertreter) waren für diese Zeit in der Oberpfalz zuerst Altmann Kemnater (Reg. B. XI 232 Regest vom 11. Novbr. 1401.) und Hanns v. Hirschhorn (a. a. O. 171 Regest vom 7. Febr. 1400.), dann nach kurzem Zwischenraume Ritter Ulrich Landschad (a. a. O. 234 f. Regest vom 29. November 1401.) u. s. w.

†) Regesta Bolca XI 342 mit falschem Datum. Ganz ist die Urkunde bei Dr. J. Janssen (Frankfurt's Reichscorrespondenz I 748) abgedruckt, hier mit richtiger Datirung. Mit Bezug auf diese Regiments-

Bei Schöpfung dieser Art von pfälzischer Sekundo-
genitur in der Mitte Deutschlands, im oberpfälzischen Theile der Kurpfalz ließ sich König Ruprecht wohl von
dem Gedanken leiten, hieburch einerseits gegen das luxen-
burgische Haus, andererseits gegen die unruhigen bayerischen Better eine Bormauer für den rheinischen Kurstaat
zu errichten, die dermalen um so nöthiger schien, als die Angelegenheiten des heiligen römischen Reichs seine volle
Thätigkeit lebhaft in Anspruch nahmen.

Die Idee Ruprechts — er trug sich mit ihr wohl schon
bald nach seiner Erwählung — fand ihren ersten urkundlichen
Ausbruck früh genug. Als es sich nämlich im Jahre 1402
barum handelte, seinen oben erwähnten Sohn Johann mit
einer französischen Prinzessin zu vermählen, lehnte König
Karl VI. diese Bewerbung mit dem sarkastischen Beisatze ab,
daß der seiner Tochter offerirte Bräutigam ein bloßer nach-
geborner Prinz ohne Land und Leute wäre!

Darauf erhielt nun Ruprechts Botschaft am französischen Hofe eine neue Instruktion des Inhalts, wie der
römische König gern bereit stünde, dem Pfalzgrafen Johann
seinem zweitgebornen Sohne sämmtliche oberpfälzische
Lande mit einem jährlichen Einkommen von 10000 fl. und
dazu den Titel eines Herzogs von Bayern zu geben. *)

Bekanntlich ist aus dem Vermählungsprojekte, was uns
hier so gut wie nicht berührt, keine Ehe geworden, aber Pfalzgraf Johann, dessen Stolz nicht minder verletzt, als sein Ehr-

---

Übertragung bestätigte Pfalzgraf Johann bereits am 8. Juli barauf der
Stadt Amberg die Briefe seiner Vorfahren. F. Frhr. v. Löwenthal
(Amberger Urkundenbuch S. 40). Andere oberpfälz. Orte huldigten
dem neuen Regenten bald hernach. So Cham am 24. Juli gl. J.,
Hirschau am 5. Februar 1405, Auerbach am 20. Dezember dieses
Jahres rc. Reg. B. XI 346, 359, 373 rc.

*) E. Martene Veter. Script. Collectio amplissima. Tom. IV
nro. 72 p. 104 — 107 anb 119.

geiz durch derlei Verhandlungen angestachelt wurde, hing der
Idee eines eigenen Regimentes mit dem ganzen Feuer
eines zum Manne reifenden Jünglinges *) nach, der ent-
schlossen ist, Alles an die Erreichung seiner Wünsche zu setzen.**)

Wir haben bereits erwähnt, daß Pfalzgraf Johann dieses
Ziel am 28. Mai (1404) erreicht habe. Gefehlt wäre es
aber anzunehmen,. als ob. König Ruprecht damit die Oberpfalz hätte völlig vom pfälzischen Staatskörper losreißen
wollen. Das Gegentheil läßt sich vielmehr aus einer ganzen
Reihe von Urkunden abnehmen, welche darthun, daß Ruprecht
nach wie vor und zwar nicht etwa kraft seiner königlichen
Autorität, sondern als pfälzischer Kurfürst Beherrscher
der Oberpfalz bleiben wollte und auch geblieben ist.

König Ruprecht war es, welcher am 15. August 1405
zugleich mit seinem Sohne, dem Pfalzgrafen Johann die Steuer-
gefälle der Stadt Cham regulirte,***) welcher das 1405 von
seinen bayerischen Vettern erlassene, von Johann für die
Oberpfalz publicirte und auch auf die Reichsstadt Regensburg ausgedehnte Getreide-Ausfuhr-Verbot in Folge einer
Beschwerde der Letzteren wieder aufhob;†) Ruprecht war
es, der seinem Sohne Johann am 15. Juni 1406 die Ab-
stellung des Geleitgeldes anbefahl, welches der pfälzische
Amtmann von Lengenfeld bisher von Regensburger

---

*) Im Jahre 1383 geboren, zählte er ungefähr 20 Jahre.

**) Anfangs des Jahres 1404 (Wartene a. a. O. p. 112 und 129
giebt die genaue Zeit nicht an, aber die Unterhandlungen fallen nothwendig vor den Mai dieses Jahres) wurde in durch Herzog Albrecht I.
von Straubing-Holland vermittelten, sowie in direkten Unterhandlungen
mit König Wenzel eine ähnliche Abtretung der von Böhmen glücklich
wieder losgerissenen oberpfälz. Orte an den Pfalzgrafen Johann ange-
regt. In wieweit der Pfalzgraf hiebei für sich selbst gewirkt, läßt sich
natürlich nicht so leichthin bestimmen.

***) Regesta Boica XI 367.

†) C. Th. Gemeiner Regensburg. Chronik II 368 f.

Kaufleuten erheben ließ;*) er war es, der am 9. Dezember
gl. J. ein Urtheil des Landgerichts Auerbach wider das
Bamberger-Domkapitel kaffirte ꝛc. **)

Wären dies noch nicht genug Beweise für unsere Be-
hauptung, so kommt eine weitere Urkunde vom 17. August
1405 in Betracht, laut welcher König Ruprecht für seinen
Sohn Johann eine förmliche Regierungs-Instruktion erläßt,
durch die demselben mehrere Räthe zur Seite gesetzt werden;***)
wichtiger aber, als alles bisher Gesagte erscheint für uns
eine Urkunde Ruprecht's vom 16. Juni 1404, welche sogar
die Zeitdauer von Johann's Regierung über die Oberpfalz
genau begränzt. Dieselbe ist an die Stadt Amberg gerichtet
und befiehlt ihr, seinem Sohne Johann, „dem er sein Land
in Bayern übergeben habe, zu huldigen, nach seinem (des
Königs) Tod aber seinem ältesten Sohne und Nachfolger,
der ein Pfalzgraf (d. h. Kurfürst) sei, allzeit gehorsam
zu sein." †)

Es sollte also des Pfalzgrafen Johann oberpfälzisches
Regiment nur so lange dauern, als er (der König) am Leben
bliebe, dann aber sollten diese Lande wieder an die pfälzische
Kur heimfallen.

---

*) Jos. Chmel (Regesta Ruperti regis Romanor.) Nro. 2162 S. 132.

**) Reg. Bolca XI 395. Vergl. Chmel (a. a. O. Nro. 2241
S. 138 und im Anhange daselbst III S. 223 f.)

***) Genannt sind: Reinhard v. Remchingen, Raban v. Helm-
stadt und Raban Giener, so daß wir es hier theilweise mit Rhein-
pfälzern zu thun haben. Janssen's Abdruck dieser Instruktion (a. a.
O. I 773 ff.) läßt sich, was die Namen der 3 Räthe betrifft, aus dem
viel ältern aber vollständigen Abdruck (B. IV Jahrgang II S. 161 ff.
der Zeitschrift für Baiern) ergänzen. Was den Namen Giener betrifft,
schreibt das betr. oberpfälz. Cop.-Buch im Reichsarchiv ihn so, druckten
ihn die Zeitschrift für Baiern und Janssen so ab; es wird indeßen
richtiger Göler zu lesen sein, worauf Herr Graf von Walderdorff
mich aufmerksam zu machen die Güte hatte.

†) Regesta Bolca XI 311.

Deſſen ungeachtet gerirte ſich Johann allgemach als ein förmlicher Souverän. Er ſchloß Bündniße, *) beſtätigte Privilegien, **) ſetzte Land- und Hofbeamte ein und ab, ***) nahm Belehnungen und Verpfändungen vor, †) kurz er handelte ganz und gar, als wenn die O b e r p f a l z bereits ſein alleiniges unbeſtrittenes Erbtheil wäre, ob wir ſchon oben gehört haben, welch mannigfachen Beſchränkungen, insbeſondere hin-ſichtlich der Zeitdauer, Johann's Regiment unterworfen war.

Daß ihn dann der Vater bei mancher ſchwierigen Ver-handlung vor ſeinen andern Brüdern ††) allein mit zu Rathe zog, wie z. B. bei jenem Anlaße mit den Nürnberger-Burg-grafen wegen ihrer gegenſeitigen Erbanſprüche, welcher zu Nürnberg am 19. April 1410 auf Albrecht v. H o h e n l o h e, Friedrich S c h e n k e n v. L i m p u r g und den Amberger-Vicedom Hanns v. D e g e n b e r g als Schiedsleute vereinbart wurde, †††) dies konnte Johann's ehrgeizige Beſtrebungen nur noch leb-hafter anfachen.

---

*) So am 18. Oktober 1406 eines mit Herzog Heinrich von Landshut. R. B. XI 393. Monum. Zoller. B. VI nro. 357. Auf-fallend erſcheint, daß Johann hierin zwar ſeinen Vater den röm. König und mehrere Herzoge von Bayern und Oeſterreich, nicht aber auch ſeine Brüder ausnahm.

**) Wir wollen hier nur der denkwürdigen Urkunde Johann's vom 28. April 1410 Erwähnung thun, mittelſt welcher er die Privilegien der Geiſtlichkeit in ſeinen Landen und Herrſchaften beſtätigte und der-ſelben in Bezug auf letztwillige Verfügungen neue bedeutende Rechte einräumte. Wir bringen das dem Neuburger-Copialbuch 142 im Reichsarchiv entlehnte Dokument im Anhange sub nro. I im Abdruck.

***) R. B. XII 359 f. Regeſten vom 18. Februar und 11. April 1405 S. 368 vom 11. Auguſt gl. J. ꝛc.

†) R. B. XII 26, 41, 47, 56 f, 69, 74 ꝛc.

††) Deren waren drei: Ludwig III. geb. 1376, Stephan der Zwey-brücker geb. 1385 und Otto der Mosbacher geb. 1390. Die beiden Letzterwähnten giengen Johann im Alter nach.

†††) R. B. XII 64. Mon. Zoll. VI nro. 550.

Offenbar fah König Ruprecht es fchlüßlich felbft ein, daß er diefem Ehrgeiz zu frühzeitig üppige Nahrung geboten. Ohne widerwärtige Szenen ließ fich an der Hauptfache jetzt nichts mehr ändern, alfo mußte, damit Johann fich einft zufrieden gebe und auch deffen jüngere Brüder nicht leer ausgiengen, an eine **neue Theilung der kurpfälzifchen** Lande gedacht werden.

Diefe übertrug der König, der feinen Tod rafch herannahen fühlte, fieben feiner erprobteften Diener, feinen Kanzler, den Bifchof **R a b a n** zu Speier an der Spitze, durch letztwillige Verfügung vom 16. Mai 1410, in welcher er fie auf die im Archive zu Heidelberg hinterliegenden Briefe und Gemächte hinwies und zugleich anordnete, daß vor gefchehener Theilung feine vier Söhne deren Anerkennung und Vollziehung feierlich befchwören follten.*)

Es unterliegt kaum einem Zweifel, daß die Grundzüge zur Theilung im großen Ganzen den fieben Theil-Herren noch von Ruprecht felbft vorgezeichnet waren, und daß fich derfelbe jetzt blos deßhalb in fo allgemeinen Phrafen auslieb, um nicht den Pfalzgrafen Johann mit einer Beftimmung zu frühe bekannt zu machen, wornach derfelbe, wie wir gleich hören werden, die Präcipual-Theile der **Oberpfalz****) an den Kur-Erben reftituiren follte. Man wollte einfach Zeit gewinnen, die Brüder auseinanderfetzen und dann Johann mit — einer vollzogenen Thatfache überrafchen.

Bereits am 18. Mai fchied König Ruprecht aus dem Leben und drei Wochen fpäter errichteten feine vier Söhne eine Urkunde, worin fie die fieben Theil-Herren baten „nach des obgedachten unfers lieben herrn und vatters feligen befelnitze und begerung eine ordnunge unter vnß zu machen."

---

*) Janffen (a. a. O. I 802 f.)

**) Auch biefe hatte ihm die Ernennung vom 28. Mai 1401 eingeräumt.

Sie gelobten und schworen zugleich, sich der bevorstehenden Theilung unweigerlich fügen zu wollen.*)

Am 3. Oktober 1410 kam dieselbe — sie. ist in der pfälzischen Geschichte ohnehin sehr bekannt und in verschiedenen Urkunden-Werken und Staatsschriften abgedruckt — endlich zu Stande. Für den Pfalzgrafen Johann fiel sie, wer wird noch zweifeln wollen? nicht günstig aus.

Indem die Theil-Herren zum Kurpräcipuum, das dem jungen Kurfürsten Ludwig III. jetzt im Voraus zufallen sollte, die Städte und Besten Amberg, Waldeck, Kemnat, Helfenberg, Heunsburg, Murach, Nabburg und Rieden**) als von Alters zugehörig bestimmten, wurde Johann's bisheriges Herrschergebiet fast um die Hälfte verringert. Das mochte der ehrgeizige Fürst wohl schwer empfinden! Und doch hatte man in der Oberpfalz nicht auch eine Viril-Portion für Ludwig bestimmt, wie dieses sich die jüngern Brüder Stephan und Otto in der Kurpfalz gefallen lassen mußten!

Gleichwohl wurde sonach die Oktobertheilung für Johann der Ausgangspunkt vieler und heftiger Zwistigkeiten mit seinem Bruder Ludwig, welcher nicht säumte, schon wenige. Tage darauf (am 7. Oktober) seiner oberpfälzischen Hauptstadt Amberg ihre Privilegien und Freiheiten zu bestätigen.***)

---

*) Abgedruckt in der oben S. 3 Note * angeführten Deduction Beilage XI.

**) Die oberpfälzische Beste Treswitz, sowie das Kloster Kastl waren bei der Theilung ganz vergessen worden. Wegen Treswitz's wurde die Sache schon am 5. Oktober 1410 nachgeholt und die Beste von den Brüdern als zu Herzogs Johann Theil gehörig erklärt. R. B. XII 57 mit dem falschen Datum 9. Januar 1410. Vergl. Höfler's König Ruprecht S. 466 Note 2. — Wegen Kastl folgte die Entscheidung erst 1417, wurde jedoch 1431 von König Sigmund wieder umgestoßen, wie später noch gezeigt werden soll. Aber auch schon die Urkunde vom 26. September 1411 — im Anhange Nro. 11 — hatte die Verhältniße der Brüder Ludwig und Johann zum Kloster Kastl zu regeln gesucht.

***) Frhr. v. Löwenthal Amberger-Urkundenbuch S. 12 f.

Zugleich sandte der neue Kurfürst seinen Vogt zu Heidelberg, den Ritter Reinhard von Sidlingen, sowie seinen Schreiber Emmerich nach der Oberpfalz, um sich in den Präcipual-Orten daselbst allenthalben huldigen zu lassen.

Zum Mitglied dieser Kommission wurde auch der Amberger Bicedom, Ritter Hanns von Degenberg ernannt, und dem Pfleger von Heunsburg, Ulrich Lutenhofer noch specielle Weisung zur Huldigung ertheilt.*)

Wenn wir beifügen, daß Ludwig III. sich am 10. Nov. auch noch genöthigt sah, die Bestimmungen hinsichtlich des Kurpräcipuums in der Oberpfalz zu erneuern,**) so dürfte mit alledem der Ernst der Lage, die Höhe der Spannung zwischen beiden Brüdern hinreichend charakterisirt sein.

Allerdings war für Herzog Johann nicht daran zu denken, sich dem Vollzug der kürzlich beschwornen Theilung im Ernst zu widersetzen, aber der Prozeß-Weg zur Geltendmachung und Durchführung dieser und jener Ansprüche schien sich ihm bei der Dehnbarkeit der Begriffe im Theilungs-Instrumente schon jetzt zu empfehlen.

Also geschah es auch, wie dem Friedens-Instrumente vom 26. September 1411 zu entnehmen, an welchem Tage — es war der Sterbtag der Wittwe Königs Ruprecht — der seither zwischen den beiden ältesten Söhnen der Königin, zwischen Ludwig III. und Herzog Johann bestandene Streit

---

*) R. B. XII 79.

**) R. B. XII 82. Im Original heißt es von der Stadt Amberg: „vnd wann burgermeister rat vnd gemeinde gemeinlich vnßer stat Amberg nach tode vnßers lieben herren vnd vaters sel. vns als einem rechten pfalczgrauen bij Rine vnd kurfürsten des richs irem rechten herren gehuldet gelobt vnd gesworn hant rc." Hinwieder bestätigte Johann am 6. Dezember gl. J. seiner Stadt Neumarkt all ihre Freiheiten, dagegen ihm diese Bürger eben so gehorsam sein und dienen sollen, wie sie es dem röml. König Ruprecht und den Herzogen Ruprecht dem Aeltern und Ruprecht dem Jüngern gethan haben. R. B. XII 106.

über ihre oberpfälzischen Gebietstheile vor dem Sterbe-
bett der Mutter gütlich beigelegt wurde.

Daß dieser Streit aus der jüngsten Landestheilung seine
Hauptnahrung gezogen, sagt die bis jetzt unbekannt gebliebene
Urkunde selbst:

„Als die sheben die vnser lieber herre vnd vatter
selige 2c. dar czu geben hat, ein ordenunge zwuschen vns vnd
vnsern lieben brüdern 2c. gemacht hant, darynne wir zwene
in etlichen artikeln in dem lande zu Beyern yrre gegen einander gewest sin 2c.“

Es drehte sich dabei um die Landschrannen zu Amberg,
Lengenfeld, Nabburg und Neunburg vorm Wald, um
Vogtei-Rechte über verschiedene Kirchen, um Güter in den
Gerichten Nabburg und Murach, um die zur Kurpfalz
gehörige Veste Heunsburg, um Lehenrechte u. s. w.*)

Wer zweifelt, daß sich die streitenden Brüder Angesichts
ihrer sterbenden Mutter schnell versöhnt und die Streitpunkte
durch gegenseitiges Nachgeben in Friede beigelegt haben?

Kurfürst Ludwig insbesondere kam dem habernden Bruder
auf das Herzlichste entgegen und so eine beiderseitige Sühne
rasch zu Stande; aber billig fragt man, ob der moralische
Druck, unter dessen mächtigem Einfluß solche Versöhnungen
im Fluge erzielt werden, nicht wie ein Alp auf den kaum
wieder zur ruhigen Besinnung gekommenen Gemüthern lastet?

Da sich die beiden Brüder Ludwig III. und Johann in
der oberpfälzischen Frage als principielle Widersacher**)

---

*) Von der beim Reichsarchiv vorhandenen Original-Urkunde,
bisher unseres Wissens nicht veröffentlicht, folgt vollständiger Abdruck
im Anhange sub nro. II. Bergl. J. v. Fink Versuch einer Geschichte
des Bicedomamtes Nabburg S. 13 f. und 88. Note 45.

**) Ungemein harmlos schreibt Herr Pfarrer J. G. Lehmann in
seiner Geschichte des Herzogthums Zweibrücken S. 15: Abgesehen davon,
daß Herzog Stephan seinen Brüdern Johann und Otto gegenüber bei
der Theilung (vom Oktober 1410) noch ein glücklicheres Loos gezogen,

gegenüber standen, so war leicht vorauszusehen, daß mit der
Leiche ihrer königlichen Mutter zwar der momentane Groll
zu Grabe gelegt würde, daß aber, weil der Geist des Gegen-
satzes, hier Angriff und Vertheidigung, nach wie vor über der
Gruft lebendig blieb, eine innere dauernde Einigung nicht
zur Verwirklichung kommen konnte.

Die nächsten Ereignisse werden zeigen, daß unsere An-
schauung keine unrichtige sei. Hätten wir es freilich mit einer
Biographie beider Brüder zu thun, dann wären wir genöthigt,
noch manche Urkunde mit in diese Abhandlung hereinzuziehen,
welche uns nach dieser Richtung hin vom vorgesetzten Ziele
abführen könnte. Aber wir haben hier nur die Oberpfalz
im Auge.

Pfalzgraf Johann war mit den in Heidelberg am 26. Sept.
1411 gewonnenen Resultaten natürlich nichts weniger als zufrieden. Seine ganze Idee gieng offen darauf hin, das ihm
durch die Oktobertheilung des vorigen Jahres
entrissene beträchtliche Territorium wieder zu
gewinnen. Ueber die Wahl der dazu führenden Mittel
war er nicht verlegen.

Als hieher gehörig registriren wir gleich eine bislang
nicht bekannte Urkunde Königs Wenzel am 16. März 1412,*)
durch welche derselbe in einen Frieden, den Herzog Ernst von
München zwischen ihm und dem Pfalzgrafen Johann vermittelt
hatte, auch die Städte Amberg, Nabburg u. s. w. also
gerade solche oberpfälzische Orte einschloß, welche nicht
blos nach den älteren Bestimmungen über das Kur-Präcipuum,

---

indem er zusammenhängendere Gebietstheile wie jene erhielt, welche
letzteren aber dennoch zufrieden waren und dem Kurfürsten
deßhalb keine Unannehmlichkeiten bereiteten ꝛc. — Unsere Dar-
stellung wird den rühmlich bekannten Autor wohl eines bessern belehren.

*) Die aus einem oberpfälz. Copialbuch beim Reichsarchiv abge-
druckte Urkunde bildet Nro. III der Beilagen.

sondern auch gemäß der Theilung vom Oktober 1410 dem Kurfürsten Ludwig III. angehörten.

Schwer wird sich beweisen lassen, daß Herzog Johann bei diesem Anlaße im Auftrage des Letztern gehandelt habe, denn wenige Monate später, gegen Ende Juli 1412 erscheint Ludwig persönlich in der Oberpfalz, um sich von seinen Städten Amberg, Kemnat, Nabburg u. s. w. neuerdings und zugleich eventuell seinem ältesten Sohne huldigen zu lassen.*)

Das setzt schlimme Befürchtungen voraus und läßt deutlich durchblicken, daß Pfalzgraf Johann, um sein Ziel zu erreichen, auch vor dem Aeußersten nicht zurückschreckte, wie wir denn auch in Moser's deutschem Staatsrechte die inhaltsschweren Worte lesen: „Ludovicus Coecus vulgo et Barbatus dictus (i. e. III) cum subintelligeret, Johannem fratrem se mortuo ad Electoratum aspirare, cumque exemplo Ruperti senioris suum facere vello etc."**)

Also gieng des ehrgeizigen Johann Streben nicht blos dahin, die ihm in der Oberpfalz durch die Theilung von 1410 entzogenen Gebiete wieder an sich zu reißen, sondern sich selbst — nach Ludwig's III. Ableben — auf den pfälzischen Kurstuhl zu schwingen.

Hatte ja schon Ruprecht I. nach seines Bruders Rudolph II. Tod, obschon in Ruprecht II. ein successionsfähiger und näher berechtigter Sohn ihres ältesten Bruders Adolph vorhanden war, sich über diesen Neffen hinweg der Regierung

---

*) R. B. XII 122. Kemnat huldigte am 22., Amberg am 26. Juli, Nabburg am gleichen Tage ꝛc. Die Spannung der beiden Brüder kennzeichnet der Bündnißvertrag Ludwig's III. mit der Reichsstadt Speier vom 7. November 1411. Hierin sind von seinen Brüdern blos Stephan und Otto ausgenommen. Chr. Lehmann Chronika der freien Reichsstadt Speier, Buch VII. cap. 84 p. 796.

**) J. J. Moser Teutsch. Staatsrecht B. XVII S. 319.

bemächtigt: warum sollte nicht auch Johann seiner Zeit in gleicher Weise dem jetzt sechsjährigen Knaben seines Bruders, dem jungen Ruprecht (genannt Anglus)*) vorgehen können?

Am pfälzischen Hofe kannte man, wie bereits angedeutet, diese verwegenen Pläne, als deren nächste Folge, ja gewissermaßen als Antwort darauf das Testament Ludwig's III. vom Jahre 1413 zu betrachten ist, durch welches der Kurfürst im Widerspruch mit allen in der wittelsbachischen Familie bisher üblich gewesenen, noch überdies durch klare Reichsgesetze sanktionirten Observanzen nicht den zur Vormundschaft berechtigten ältesten Bruder Johann, sondern gerade den jüngsten, Pfalzgrafen Otto zum Vormund seines Sohnes, sowie zum eventuellen Kur-Administrator bestimmte. **)

Das für die wittelsbachische Familien- wie für die Reichs-Geschichte gleich denkwürdige Ereigniß einer solchen Vormundschaftsbestellung, im Grunde den Prinzipien beider gleich entgegen, hat neuen und ältern pfälzischen Historikern viel Stoff zum Nachdenken gegeben und manche Frage bis zur Stunde unbeantwortet gelassen.

Uns bedünkt, theils der Mangel an leichter zugänglichem Archivmaterial, theils der Umstand, daß man die erste Verwaltung der Oberpfalz durch Pfalzgrafen Johann von 1404 — 1410 von seiner zweiten Regierung dortselbst von 1410 — 1443 nicht scharf genug auseinanderschied, hat die Auffindung des Ariadne-Fadens im vorliegenden Falle sehr

*) Von seiner englischen Mutter Blanka, einer Tochter Königs Heinrich's IV. von England. Ruprecht war am 22. Mai 1406 in Heidelberg geboren.

**) Sein Inhalt ist dem Gelöbniß Bischofs Johann von Worms, der Grafen Friedrich von Leiningen und Bernhard von Eberstein u. s. w. vom 6. Februar 1413 — Orig.-Urkunde im k. b. geh. Hausarchiv —. zu entnehmen, die Bestellung Herzogs Otto zum Vormunde des Sohnes Ludwig's III. nicht blos anerkennen, sondern auch dem Vormund und seinem Mündel stets beiständig sein zu wollen.

erſchwert. Und doch lag er in der Landestheilung von 1410 ſo nahe!

Zweierlei läßt ſich aus Ludwig's III. ungewöhnlichem Teſtamente vom (wahrſcheinlich) 6. Februar 1413 unſchwer folgern, einmal, daß er ſelbſt in ſeine Geſundheit und Lebensdauer kein allzugroßes Vertrauen hatte, was umgekehrt den Plänen ſeines Bruders Johann neue Nahrung gab und wohl auch geben mußte; dann daß zur Zeit der TeſtamentsErrichtung Kurfürſt Ludwig auch mit ſeinem zweiten Bruder Herzog Stephan von Zweybrücken nicht im beſten Einvernehmen ſtand,*) denn ſonſt würde er ſtatt des jüngſten Bruders Otto doch wohl ihn zum Vormund ſeines Sohnes und zum eventuellen KurAdminiſtrator ernannt haben.

Schrieben wir, wie ſchon bemerkt, eine Biographie Ludwig's III., ſo wäre es angezeigt, dieſen Verhältnißen mehr nachzugehen; da es ſich hier aber nur um eine Monographie über die Oberpfalz handelt, ſo mag genügen, daß ſich Herzog Stephan durch eine urkundliche Erklärung vom 8. Dez. 1413 in die Vormundſchaftsbeſtellung ſeines kurfürſtl. Bruders ohne allen Vorbehalt fügte.**) Er verſprach darin „ſeinem‘ lieben bruder herzog Otto als einem vormund (des Kurprinzen) beiſtändig, berathen und beholfen zu ſein treulich und feſt.“

Der Preis, wofür das ſo ſchnell gekommen, thut für unſere Frage vorerſt nichts zur Sache. Acceptiren wir die Thatſache, wie ſie iſt. Machte es doch auch König Sigmund

---

*) Daß der Grund der Entfremdung der Brüder Ludwig III. nnd Stephan in ihrem SponheimerErbſtreit wurzle, wie Ph. C. Heintz (in ſeinem Herzogthume PfalzZweybrücken S. 168 f.) annimmt, kann man nicht gelten laſſen, denn zur Zeit der erſten Präterirung Herzogs Stephan gab es noch gar keinen SponheimerErbſtreit und konnte auch keinen geben, da Graf Simon III. von Sponheim erſt am 29. Auguſt 1414 und ſeine Tochter die Pfalzgräfin Eliſabeth, Wittwe Ruprecht's Pipan erſt im November 1417 ſtarb.

**) R. B. XII 153.

fo, als er am 8. November 1414 in feiner Aurea Bulla für die Rheinpfalz genau im Sinne der goldenen Bulle feines Vaters Karl's IV. wiederholt betonte, „quod fi electorem ab hac luce migrare contigerit, qui masculini sexus heredes legitimos laicos post fe relinquat, debitae potientes aetatis defectum, tunc fenior frater laicus dicti pupilli et juvenis de jure tutor else debet et curator tamdiu, donec debitam pertingit aetatem."[*])

König Sigmund kannte das Testament Ludwig's III. und begnügte sich, da, fo lange Letzterer lebte, zwischen Wunsch und Erfüllung noch immer ein großer Zwischenraum lag, vorerst dem Wunsche ein formelles — wie wir heutzutage fagen würden, — Dementi zu geben. Wenn je einmal der pfälzische Kurfürst fich dem König ungeneigt zeigen würde, war es immer noch Zeit, die irreguläre Willensbestimmung vom Standpunkte der Reichsgefetze und des Staatsrechtes aus ftrenger zu prüfen.

Auf einen folchen Moment harrte mit lebhafter Ungeduld Pfalzgraf Johann, der fich inzwischen durch mancherlei territoriale Erwerbungen ftärkte[**]) und dabei immer enger an König Sigmund anzulehnen fuchte, wozu er guten Grund hatte, denn feit dem 13. Juli 1416 war von König Wenzel feinem Bruder Sigmund Vollmacht ertheilt, die durch weiland König Ruprecht für die Oberpfalz wieder gewonnenen Orte, welche der „Hochgeborn Johans Pfalzgraf bei Reyn vnd Herczog in Beyern deffelben Ruprechts Sune heczunt freuelich furhelbet" an die Krone Böhmen wieder zurückzubringen.[***])

---

[*]) Abbrücke diefer Urkunde bringen Lünig, Dumont, Rymer, Tolner, Finfterwald u. f. w.

[**]) So hatte er Eingangs des Jahres 1417 von dem Landgrafen v. Leuchtenberg die Beften Stierftein und Pezzenftein, dann Befte und Stadt Pleyftein gekauft. R. B. XII 244 und 276.

[***]) Fr. M. Pelzel, Lebensgefchichte zc. Königs Wenceslaus. Urkundenband II Nro. 245.

Das war für Herzog Johann ein gewichtiger Grund, mit König Sigmund auf gutem Fuße zu bleiben.

Und als sich wirklich bald darauf Ludwig's III. Beziehungen zu Sigmund in hohem Grade trübten, so daß der König zu Basel denselben öffentlich des Treubruches bezüchtigte „quod Dux (Ludovicus III.) quondam Ligam contra ipsum (regem) fecisset et non servasset juramenta praestita,*) da hielt auch Johann seine Zeit für gekommen.

Aber nicht mit Waffen kämpfte er vorerst wider den ihm überlegenen Bruder an, das sollte zur gelegenen Stunde ein Mächtigerer für oder doch mit ihm versuchen, sondern er studierte die — Urkunden seiner Ahnen, insoweit durch sie seither das pfälzische Successionsrecht geregelt wurde, um daraus irgend eine zu wählen, deren Worte sich so oder so — je nachdem es nöthig schiene — möchten deuten lassen.

Indem sich nun der Herzog am 23. April 1417 zu Regensburg von den Aebten der Klöster Reichenbach und Walderbach eine Urkunde seines Vaters Königs Ruprecht vom 2. Juli 1374**) vidimiren ließ, welche einer sophistischen Verdrehung der darin ausgesprochenen Primogenitur zum bloßen Seniorat einigen Spielraum bot, finden wir die Wege, die Johann hinsichtlich der Kurpfalz einschlug, wohl ein wenig, aber nicht klar genug vorgezeichnet. Mit der Zeit wird uns auch in dieser Sache volles Licht werden.

Konstatiren wir hier einfach, daß Ludwig III. um jene Zeit ernsthaft an Sammlung seiner Defensiv-Kräfte gieng,

---

*) Sigmund meinte damit den Bund der rheinischen Kurfürsten in Bingen am 23. September 1416, aber noch mehr deren Vereinigung vom 7. März 1417, welche direkt gegen ihn gerichtet war. Vergl. Dr. L. Häußer Geschichte der Rhein-Pfalz I 282 ff.

**) Darin gelobte Ruprecht III. seinem Großoheim Ruprecht I. „daß wenn er desselben Lande und Leute überkommen sollte, er solche nicht vertheilen, sondern dem ältesten Sohne allein zuwenden wollte. Vergl. J. H. Bachmann Pfalz-Zweibrück. Staats-Recht S. 106.

daß er zunächst in seinen oberpfälzischen Landen kriegerische Vorbereitungen traf,*) denn Bündniße wurden mit verschiedenen adeligen Geschlechtern abgeschloßen**) und in Amberg selbst, was Urkunden vom 22. Dezember 1416, dann vom 25. und 28. Juni 1417 besagen, der Bau einer neuen Veste begonnen,***) deren Kosten später Herzog Otto auf seine eigene Rechnung übernahm.

Auch die Landgrafen von Leuchtenberg suchte der Kurfürst in guter Stimmung für sich zu erhalten, indem er am 8. Novbr. 1417 dem Landgrafen Johann zur Wiederlösung des ihm am 10. Januar 1414 versetzten Schloßes sammt Burg und Stadt Grafenwörth eine weitere Frist von vier Jahren gewährte. †)

Eine Woche später kam zwischen Ludwig und Herzog Johann ein wenig Dauer versprechender Vergleich in den schon lange schwebenden Streitigkeiten wegen der Vogtei über das Kloster Kastl zu Stande, von welch' Letzterm wir schon früher vernommen, daß es bei der Theilung vom 3. Oktbr. 1410 nebst Schloß Treswitz gänzlich vergessen worden war. ††)

Ludwig's eben geschilderte Vorsicht erwies sich in Bälde als vollkommen gerechtfertigt, denn am 30. Mai 1418 wurde in Basel ein gar sonderbares Bündniß errichtet, dessen Urheber König Sigmund und des Kurfürsten ältester Bruder Pfalzgraf — Johann waren.

In dieser Urkunde verpflichtete sich nämlich Sigmund,

---

*) Urkunde vom 4. April 1417 in einem oberpfälzischen Copialbuch des Reichsarchivs.

**) Reg. B. XII 253 Urkunde vom 22. April 1417. Wir meinen hier die Walbauer, Paulstorfer, Notthaft und Kürner. Vergl. ibid. 204 Regest. vom 25. August 1415.

***) R. B. XII 241 und 257. Von der letzten dieser Urkunden folgt im Anhange als Nro. IV ein möglichst ausführliches Regest.

†) R. B. XII 268.

††) Oben Seite 10 **. Die Urkunde vom 14. Novbr. 1417 aus einem oberpfälzischen Copialbuche bildet Nro. V des Anhanges.

den Pfalzgrafen wider Ludwig III., welcher feinen Brüder
„in ettwemanigem weg betrang vnd vngelichs tu
vnd im in des fein gegriffen hab vnd teglich
griffe," unter feinen königlichen Schutz und Schirm zu
nehmen und im Falle eines Krieges zwischen beiten Brübern
dem Herzog Johann nicht blos felbft Hilfe zu leiften, fonbern
ihm auch ben Beiftand ber Reichsfürften unb Stäbte zu
verfchaffen. *)

Ju einer zweiten Urkunde vom gleichen Tage fetzte König
Sigmunb, indem er Johann förmlich in feinen Solb nahm,
die Bezüge feft, welche Diefem, fo oft er fich in des Königs
Dienften befände, hiefür ausgezahlt werben follten. **)

Das war für ben pfälzifchen Kurfürften auf feine
neuerlichen Schritte gegen Sigmunb eine beutliche aller Miß-
beutung ermangelnbe Antwort!

Das war die Zeit, in welcher Pfalzgraf Johann, im
Vertrauen auf des Königs Gunft, ben verwegenen Gebanken
faßte, feinen kurfürftlichen Bruber, jebenfalls aber beffen
Söhne vom pfälzifchen Kurftuhle zu verbrängen. ***)

Wie Höfler ben Kurfürften in biefer Zeit an Sigmunb's
Entthronung benken läßt, †) fo mag jetzt auch ber König
feinerfeits, indem er ben Herzog Johann vorfchob, fich ähnlichen Gebanken hinfichtlich Ludwig's III. hingegeben haben.

Wohl nicht blos die Verfuche ber Herzoge von Ingolftabt,
bie pfälzifche Kurwürbe an ihr Haus zu bringen, ††) mochten

---

*) R. B. II 286. Ihrer Bebeutung halber laffen wir den vollen
Inhalt ber beim Reichsarchive vorhanbenen Original-Urkunbe sub
nro. VI folgen.

**) R. B. XII 286.

***) Vergl. Mofer's Worte S. 14.

†) König Ruprecht S. 474. Vergl. J. G. Droyfen (Gefchichte
ber Preuß. Politik I 433).

††) Memorial Ludwig's III. an Heinrich V. von England bei Th.
Rymer (Foedera, Conventiones, Literae etc. inter Reges Angliae etc.
Editio III bes G. Holmes Tom. IV P. III p. 60 f.

Ludwig III. damals zur engeren Verbindung mit Erzbischof Johann von Mainz bestimmt haben.

Unterm 11. Mai 1418 gab dieser bei einem Besuche auf dem Heidelberger Schloße die urkundliche Versicherung, nur Ludwig III. und deſſen älteſten Sohn als Kurfürſten der Pfalz anerkennen zu wollen. *)

Aehnliche Erklärungen erfolgten am 30. Mai gl. J. zu Bacherach seitens des Kurfürsten von Trier, am 25. Juli allbort vom Kölner-Erzbischofe und endlich am 6. Novbr. 1418 zu Heidelberg auch vom Markgrafen Friedrich von Brandenburg. **)

Hier galt es offenbar nicht mehr, die „reformfeindliche" rheinische Konföderation gegen König Sigmund in Scene zu setzen, die namentlich Droysen als ein bloßes Partei-Manöver hinstellen will, ***) hier handelt es sich um die Existenz und Nachfolge-Sicherung eines der „sieben Wähler des Reichs," woran nicht blos die unbrüderliche Feindschaft des Pfalzgrafen Johann, sondern selbst das Reichsoberhaupt aus unlautern Gründen zu rütteln begannen. Glücklicher Weise wurden bald darauf sowohl König Sigmund, als Pfalzgraf Johann von andern Angelegenheiten des Reiches, vorab von den hussitischen Unruhen in Böhmen vollauf in Anspruch genommen und auch des pfälzischen Kurfürsten Thätigkeit wandte sich einem fernern Ziele zu, dem Kriege zwischen England und Frankreich.

Am 22. Juli 1420, bevor Ludwig III. seinem Schwager, dem König Heinrich V. von England Truppen zur Er-

---

*) Vergl. die S. 3 * erwähnte „Gründliche Deduction Nro. XXI.

**) Diese 3 Urkunden sind a. a. O. sub nris. XVIII — XX abgedruckt.

***) A. a. O. I 388 f. und 396. Auch L. Häuſſer (I 282) faßt diese Vereinigung der Kurfürsten in einem ähnlichen Sinne auf. Würde sich — fragen wir kurz — dann auch Markgraf Friedrich seinen rheinischen Mitkurfürsten ohne Weiteres angeschlossen haben?

ſtürmung Melun's zuführte, *) machte er frommen Sinnes, wie er war, ſein zweites Teſtament. Es liegt uns im Originale vor, enthält aber über die Vormundſchaft ſeiner Kinder und die Kur-Adminiſtration nichts, ja, es wird ſich auf ſolche Beſtimmungen, wie das im Jahre 1413 geſchehen war, hier gar nicht bezogen.

Deſſen ungeachtet beſteht kein Zweifel, daß abermals Ludwig's jüngſter Bruder, Pfalzgraf Otto in nicht mehr auf uns gekommenen Urkunden für die Dauer ſeiner Abweſenheit zum Regenten der Kurpfalz und eventuellen Vormund ſeiner beiden Kinder **) ernannt worden ſei. ***)

Auch Ludwig's III. drittes Teſtament, errichtet am 4. Aug. 1421, ehe er zum erſten großen Reichszug wider die Huſſiten abgieng, enthielt keine die Vormundſchaft und Kur-Adminiſtration betreffenden Beſtimmungen.

Als nicht zu unſern Zwecken gehörig, eilen wir an den für Pfalzgraf Johann günſtigen Erfolgen im Kriege der Regensburger-Bundesgenoſſen †) mit Herzog Ludwig dem Bärtigen von Bayern-Ingolſtadt raſch vorüber. Der Pfalzgraf hatte theils allein, theils mit markgräflich Branden-

---

*) Benj. Williams Henrici V. Angliae Regis Gesta. Londini 1850 p. 144 f. Die Kapitulation von Melun erfolgte am 18. November 1420.

**) Zum Kurprinzen Ruprecht Anglus aus Ludwig's erſter Ehe mit Blanka von England war mittlerweile aus zweiter Ehe (mit Mechtild von Savoyen, vermählt in Pignerol am 3. November 1416) eine 1419 geborne Tochter Namens Mechtild gekommen.

***) Eine Hindeutung darauf liegt in dem Reverſe Otto's vom 21. Juli 1420, ſeine (Ludwig's) und ſeiner Gemahlin Jahrzeit und Stiftung bei hl. Geiſt zu Heidelberg ſtets pünktlich exequiren zu laſſen.

†) So hießen die Gegner Herzogs Ludwig VII. des Bärtigen von Ingolſtadt nach dem Bündniße, das ſie am 29. Juni 1419 zu Regensburg unter ſich zur Vernichtung des Ingolſtädters abſchloßen. Man vergl. unſere Abhandlung „Archival. Beiträge zur Geſchichte Herzogs Ludwig von Bayern-Ingolſtadt und ſeiner Zeit" im B. XXVIII des Oberbayer. Archivs S. 199, 229 ff. u. ſ. w. Ueber die Eroberungen Johann's vergl. daſelbſt S. 275.

burgischer Hilfe: Floß, Pezzenstein,*) Lichtenstein, Holnstein, Parkstein, Weiden, Lauf, Hilpoltstein, Freistadt und Wackerstein gewonnen. Wie man sieht, sind dies (jetzt) meist oberpfälzische Oertlichkeiten, und wie man gern glauben wird, kam eine solche territoriale Bereicherung dem Pfalzgrafen Johann gewiß sehr gelegen, dessen Verhältniße zu seinem kurfürstl. Bruder noch immer nicht besser standen, denn in der Bopparder-Einigung vom 3. März 1421 hatte Ludwig III. nur seine jüngern Brüder Stephan und Otto ausgenommen. **)

Von Wichtigkeit für die Oberpfalz ist erst wieder eine Urkunde des Kurfürsten vom 27. Mai 1423, laut welcher er seinem Bruder Otto „welchem er das Land zu Beyern zu verwahren und auszurichten übergeben hat," erlaubt, bis auf sein oder seines ältesten Sohnes Widerrufen alle Pfandschaft in Bayern zu lösen, doch also, daß dieser (Otto) ihm (dem Kurfürsten) der Losung daran alle Zeit gehorsam und schuldig sein solle. ***)

Daß sohin Pfalzgraf Otto schon einige Zeit vorher als Regent oder Statthalter der Oberpfalz aufgestellt worden sein muß, erscheint nahezu unzweifelhaft. Wir meinen natürlich nur die Kur-Präcipualtheile dieser Provinz.

Unterm 14. April 1422 verleiht Otto von Amberg aus den Bürgern von Viechtach einen freien Jahrmarkt.†) Er annulirt ebendaselbst am 6. April 1424 eine dem Kloster Ensdorf schädliche Urkunde vom Jahre 1422††) und am

---

*) Da es Johann (vergl. oben S. 17 Note **) den Leuchtenbergern erst 1417 abgelauft, so scheint dieser Kauf damals noch nicht bethätigt worden zu sein.

**) Dr. Fr. Dom. Häberlin Teutsche Reichsgeschichte (V. 305 f.)

***) R. B. XIII 11.

†) R. B. XII 289. Höchst wahrscheinlich erfolgte die Ernennung Otto's zum Oberpfälzischen Statthalter vor des Kurfürsten Ludwig III. Abreise nach Preußen und Polen im August oder September 1422.

††) R. B. XIII 34.

30. Juli gl. J. verkaufen ihm „anstatt des Pfalzgrafen Ludwig" Friß von Ahorenperg und dessen Hausfrau ein Haus sammt Hofstatt zu Kemnat.*)

Weiters entnehmen wir dem Diarium Sexennale**) folgende Stellen: „Item ad Congregationem Principum etc. Dux Joannes et frater ejus Otto de Amberg non venerunt," oder: „se ad Ottonem Ducem in Amberg transtulit," dann: „Episcopus cum Duce Ottone de Amberg venit," wieder: „Litteras Ducis Ottonis in Amberg residentis" etc. Die ersteren sind vom Jahre 1425, letztere gehört dem Jahre 1426 an.

Daß Otto in diesem Jahre noch in Amberg statthalterte, beweist eine Urkunde der Städte Amberg und Sulzbach vom 22. April, worin Beide mit Willen und Wort der Herzoge Johann und Otto „von der Arßperl" wegen sich friedlich vertragen haben.***)

Der Gründe, seinen in Treue und Anhänglichkeit erprobten jüngsten Bruder Otto an die Spiße der oberpfälzischen Verwaltung zu stellen, mögen für Ludwig III. verschiedene vorhanden gewesen sein; einmal die unruhige ingolstädtische Verwandtschaft, von deren Kriegen mit all ihren Nachbarn wir bereits an einem andern Orte erzählt haben†) und welche gerade im Sommer 1422 auf's Hißigste tobten; dann die im

---

*) R. B. XIII 39.

**) Bei Oefele (Script. RR. B. I 23 ff.).

***) Oberpfälz. Copialbuch im Reichsarchiv. Auch aus der Urkunde Otto's vom 1. Juli 1427, wodurch er Kloster Ensdorf Namens seines kurfürstl. Bruders von aller Gastung freite (M. B. XXIV 154 f.) geht deutlich hervor, daß er noch damals oberpfälz. Statthalter war. R. B. XIII 102.

†) In unsern archival. Beiträgen zur Geschichte Ludwig's von Ingolstadt ꝛc. S. 241 ff. und 261 ff. Dieselbe Nachbarschaft zum Theil hatte König Ruprecht seel. bestimmt, im Jahre 1404 den Pfalzgrafen Johann als Regenten nach der Oberpfalz zu schicken. Vergl. oben S. 4.

benachbarten Böhmen wachsende Hussitengefahr und sein eigenes Fernsein in Preußen und Polen, worauf schon oben hingedeutet worden ist.

Veit Arnpeck sagt hierüber ganz allgemein: Ad tempus Ludovici Palatini Coeci fratris sui Otto in Amberga tutor erat.[*]

Wir werden von diesem Statthalterposten noch mehr erwähnen müssen. Um uns aber wieder einmal nach Herzog Johann umzuschauen, sind wir genöthigt, auf einen Augenblick an König Sigmund's Hof zu wandern, welcher ihn am 13. Mai 1425 gegen einen Jahresgehalt von 2000 fl. förmlich in seine Dienste genommen hatte.[**]

Im Herbst des darauf folgenden Jahres trat Kurfürst Ludwig III., dem am 20. Mai sein erstgeborner Sohn Ruprecht durch den Tod war entrissen worden, eine Reise nach dem heiligen Lande an und verordnete durch eine weitläufige Urkunde vom 28. August dieses Jahres, wie es während seiner Abwesenheit mit den pfälzischen Staatsangelegenheiten gehalten werden sollte.

Pfalzgraf Otto blieb Vormund seiner Kinder und Verweser der Pfalz, was er schon seit langer Zeit war, und wurde für den Fall, daß Ludwig auf seiner Wallfahrt mit Tod abgienge, noch überdieß zum obersten Vormund der kurfürstl. Waisen, sowie zum Kur-Administrator ernannt.

Als Regentschaftsräthe gab ihm die Urkunde seinen Bruder den Herzog Stephan von Zweybrücken, den Bischof Raban von Speier, den Deutschordensmeister Eberhard von Sauwesheim und noch andere pfälzische Adelige an die Seite. Nur wenn der Pfalz Krieg drohen sollte, sei auch Pfalzgraf Johann zu Rathe zu ziehen.

---

[*] B. Pez Thesaurus etc. Tom. III Pars III p. 317.

[**] Das einem oberpfälz. Copialbuch im Reichsarchiv entnommene Dokument bildet Nro. VII der im Anhang abgedruckten Urkunden. Vergl. oben S. 20 **.

Durch den Beisatz, daß im Falle des Ablebens Ludwig's III. Herzog Otto vor den versammelten Regentschaftsräthen schwören sollte, Land und Würde dem ältesten Sohne des Verlebten ungeschmälert zu bewahren, *) war insbesondere Pfalzgraf Johann daran erinnert worden, daß man seine Absichten auf den Kurstuhl nicht nur kenne, sondern ihnen eventuell auch gehörig entgegen zu treten wissen werde. Es wurde darum, falls Herzog Otto während seiner Vormundschaft sterben sollte, auch nicht Pfalzgraf Johann, sondern Herzog Stephan berufen, um mit Hilfe der Regentschaftsräthe einen andern tauglichen Vormund zu wählen, doch so, daß Ludwig's ältester Sohn bei der Pfalz und Kur verbleibe!

Das war für Johann's Pläne deutlich genug gesprochen. — Schon dortmals auch scheint Herzog Otto sich mit dem Gedanken vertraut gemacht zu haben, damit er gegen die Vergrößerungsgelüste seines Bruders Johann in nächster Nähe sichern Rückhalt gewänne, eine engere Verbindung mit einem der kleinen bayerischen Höfe herzustellen. An Macht und Bedeutung überragte sie gleichwohl jener von Landshut, wo der energische und zähe Heinrich IV. **) der Reiche regierte. Mit ihm also knüpfte Herzog Otto Unterhandlungen an, um einen seiner Neffen ***) mit einer landshutischen Prinzessin zu verloben. †)

Nur wegen der noch allzu großen Jugend des eventuellen Bräutigams kam eine solche Verbindung ††) nicht zu Stande.

---

*) Original beim k. geh. Hausarchiv dahier.

**) Ueber die richtige Zählungsweise der gleichnamigen wittelsbachischen Regenten in Bayern vergl. man meine kleinen Hilfsmittel beim Studium der bayer. Geschichte S. 4.

***) Ludwig III. waren von seiner zweiten Gemahlin Mechtild bislang geboren worden: Ludwig (IV.) geb. am 1. Januar 1424 und Friedrich (I.) geb. am 1. August 1425.

†) Archivalische Notiz aus dem k. geh. Hausarchiv.

††) Die desfallsigen Punktationen sind am 10. Februar 1427 aufgezeichnet worden.

Wir werden indeß bald hören, daß Herzog Otto, der sein Vorhaben nicht auf die sogenannte lange Bank schieben wollte, an die Stelle des Neffen trat und selbst eine landshutische Prinzessin als Gemahlin heimführte. —

Inzwischen war Kurfürst Ludwig III. von seiner Wallfahrt nach dem gelobten Lande zurückgekehrt, zurückgekehrt in einem nicht blos geistig getrübten, sondern körperlich herabgekommenen Zustande, so daß er in der Voraussicht seiner baldigen Auflösung am 5. Oktober 1427 ein neues (sein fünftes) Testament machte „vnd das wir auch sijt der zijt, das wir von dem heiligen grabe wider herbehmen in vnser lande kommen sin alles swach vnd krangk gewest vnd noch sin vmb das vns nu bi finsterniß des bittern todes nit snelliclich begriffe vnd oberfalle vngeordnet vnser sache." *)

Das neue Testament dokumentirt nun abermals das besondere Vertrauen Ludwig's III. in seinen Bruder Otto, weicht aber in seinen Bestimmungen von jenem d. d. 28. August 1426 so wenig ab, daß ein näheres Eingehen darauf nicht geboten erscheint. Wir haben zudem immer nur die Oberpfalz im Auge zu behalten und begnügen uns mit der Erwähnung, daß in diesem Testamente dem Herzog Otto ein jährl. (Vormundschafts-) Gehalt von 2000 fl. bestimmt wurde, der, wohl weil Otto nebenbei noch immer Statthalter in Amberg war, auf oberpfälzische Staatsgefälle Anweisung erhielt.

Die Auszahlung und Verrechnung dieses Gehaltes hatte der Amberger-Landschreiber zu übernehmen. —

Im kurpfälzischen Geschichts-Kalender **) liest man, daß Kurfürst Ludwig III. sein oben erwähntes Testament vom

---

*) Original im k. geh. Hausarchive. Abgedruckt im Status Causae Nebst Rechtlicher Außführung der Christian III. 2c. bevorstehenden Succession In dem Herzogthumb Zweybrücken 2c. 1729 Beilage II. S. 51 ff.

**) Mannheim 1789. S. 38.

Jahre 1427 „zur größeren Sicherheit und damit nach seinem
Tode dagegen nicht gehandelt werde" von König Sigmund
habe bestätigen lassen.

Diese Nachricht, ohnehin durch nichts verbürgt, klingt
mehr als räthselhaft.

Mit einer solchen Bestätigung würde Sigmund die Annullirung der Reichsgesetze, den Wegfall der goldenen Bulle
und den Umsturz des deutschen Privat-Fürstenrechtes offen
proklamirt haben. Durfte er dies in einer Zeit wagen, in
der ohnehin alle Verhältniße auf's Aergste zerrüttet waren?

Als Kurfürst Ludwig III. noch hoch und fest in der Gunst
des Königs stand, wurde seinem ersten Testamente vom Jahre
1413*) eine Antwort in der berühmten Bulle vom 8. Nov.
1414, welche die Berechtigung des ältern pfalzgräfl. Bruders
(Johann) zur Vormundschaft mit klaren Worten aussprach.**)
Wie sollte der römische König jetzt, seit Jahren mit dem
pfälzischen Kurfürsten in Zank und Hader, eine andere,
für das Testament günstigere Meinung gewonnen haben?

Vom staatsrechtlichen Standpunkte übrigens hier abgesehen,
waren ohnedieß die Beziehungen zwischen Sigmund und Johann
„seinem Diener"***) fortwährend so freundschaftlicher Natur,
daß die Annahme, der König habe die Ausschließung des
Pfalzgrafen von der pfälzischen Vormundschaft und Kur-
Administration jemals begünstigt, völlig unzuläßig erscheint.

Uebrigens lag in der bloßen Ernennung eines reichsge-
setzlich hiezu nicht berechtigten Vormunds, so lange der Testator,
der Vater der Mündel noch am Leben war, noch immer keine
vollendete Thatsache vor.†)

---

*) Vergl. oben S. 15 ff.
**) Vergl. oben S. 17.
***) Vergl. oben S. 25.
†) Weßen man sich von Seite Sigmund's nach Ludwig's Ableben
zu versehen haben würde, deutete der Kaiser am 8. März 1434 durch
eine neue Bulle an, auf die wir noch zurückkommen werden.

Von den Eroberungen des Pfalzgrafen Johann im
Kriege der ingolstädtischen Herzoge mit den Regensburger-
Bundesgenossen war schon die Rede.*) Am 30. Oktober
1427 theilte er die wittelsbachischen Errungenschaften
mit seinem Waffengenossen dem Markgrafen Friedrich von
Brandenburg.

Johann erhielt die Stadt Freistabt, Veste und Herrschaft
Holnstein, dann Veste und Markt Pezzenstein, während
Veste und Stadt Hiltpoltstein sammt Meckenhausen und
Merstorf, ein Theil vom Graifpacher-Schloße und der
Markt Vohenstrauß dem Markgrafen zufielen. Stadt und
Schloß Laufen, Schloß und Markt Floß, Schloß Park-
stein und die Stadt Weiden giengen zu gleichen Theilen. **)

Dieser Schacher mit wittelsbachischen Gütern geschah „des donerstags nach sant Symon und Judastag
der hl. zwelffboten zu Lawff." —

Die Vorgänge in Heidelberg, in Folge deren der
kränkliche Kurfürst die Regierung der Pfalz fast völlig seinem
Bruder Otto überließ (Mai 1429), gehören nicht in unsern
Plan und berühren auch, wenigstens nominell die Oberpfalz
nicht derart, daß ein näheres Eingehen darauf schon hier
geboten erschiene. —

Wie wir verschiedenen Quellen entnehmen, tauchte bei
Verbescheidung der einzelnen aus den Straubinger-Erb-
folge-Streitigkeiten erwachsenden Differenz-Punkte auch
die Frage wegen der von den Münchner-Herzogen vor 35
Jahren***) an König Ruprecht wiederläuflich überlassenen
Orte: Sulzbach (Stadt und Veste), sowie der Vesten Rosenberg und Buchberg auf.

Herzog Ludwig der Bärtige von Bayern-Ingolstadt

---

*) Vergl. S. 22 †.
**) R. B. XIII 107.
***) R. B. XI 32.

behauptete nemlich, daß die München er = Vettern diese Orte im Widerspruch mit dem Theilungsbriefe vom 8. Oktober 1393 *) versetzt hätten und ihm jetzt die begehrte Lösung derselben verweigerten.

Hiegegen brachten nun die Herzoge Ernst und Wilhelm bei dem gemeinschaftlichen zu Straubing tagenden Schiedsgerichte vor, daß ihnen Sulzbach u. s. w. seiner Zeit von der Krone Böhmen versetzt worden und im angezogenen Theilbriefe gar nicht begriffen sei, dann daß sie einen dahin bezüglichen Wiederlösungsbrief unter des Herzogs Johann Insiegel besäßen. **)

Das schiedsrichterliche Urtheil in der Sache lautete dahin: die München er = Herzoge mögen Kundschaft darüber erbringen „daz Sulzbach ꝛc. vor dem tail und tailbrief den die 25 mann getan han, versetzt oder auf leibting verschriben ist, so seyn slj irem vetter hertzog Ludwigen nichtz darumb schuldig.“

Dieser Beweis wurde von den München er = Herzogen erbracht und dann vom Schiedsgerichte der weitere Spruch gethan „daz desselben briefs zu solicher kuntschaft zum rechten umb Sulczpach genug ist, wann daz ain unvermailigter briff (ein Brief ohne Mackel) und mit ains frumen fursten anhangenden insigl besigelt ist, und hertzog Ernst und Wilhalm sein hertzog Ludwigen umb disen zuspruch hinfür nichtz schuldig.“

Dies Alles gieng am 15. Mai 1430 zu Straubing

---

*) Diese Urkunde ist vollständig abgedruckt im B. VI der Quellen und Erörterungen S. 560 ff. und betrifft die Theilung der Besten, welche den Herzogen Stephan von Ingolstadt und Johann von München seitens des Königs Wenzel zu Pfand stehen.

**) Pfalzgraf Johann hatte den München er = Herzogen am 12. Dez. 1410 zur alten Schuld auf Sulzbach u. s. w. weitere 5000 fl. geliehen und so sein Guthaben an dieselben auf die Summe von 15367 fl. erhöht, was die den Herzogen am 17. Jan. 1411 wiederholt zugesicherte Wiederlösung wohl etwas illusorisch machte. Reg. B. XII 84 und 87.

vor sich*) und stellte also den Pfalzgrafen Johann gegen weitere ingolstädtische Angriffe auf dem Kern seines territorialen Besitzthums sicher. Aber dessen Heimlösung seitens der Herzoge von München blieb, wie bedeutend auch die Pfandsumme war, noch immerhin möglich, was übrigens dem Pfalzgrafen wenig zu denken gab, denn seit er**) die älteste Tochter Beatrix Herzogs Ernst von München, die Wittwe des Grafen Hermann III. von Cilley als zweite Gemahlin heimgeführt hatte,***) war bei dem Stande der schwiegerväterlichen Finanzen, von Herzog Wilhelm ganz abgesehen, in solcher Beziehung wenig mehr zu fürchten.

Mit dieser seiner zweiten Vermählung hatte Pfalzgraf Johann seinem Bruder, dem pfälzischen Kur = Administrator Otto auf dessen landshutisches Heirats-Projekt †) Schach geboten, aber er verlor doch die Partie, denn Mitte Januar 1430 fand in Burghausen die Vermählung Otto's mit der ältesten Tochter Herzogs Heinrich von Landshut, Prinzessin Johanna Statt.

Wer möchte zweifeln, daß fürstliche Heiraten politischen Zwecken, wir sagen nicht stets, aber häufig dienstbar gemacht wurden, werden und immer wieder dienstbar gemacht werden.

Hier Oberpfalz und München, dort Rheinpfalz und Landshut, ein ewiger Antagonismus!

Neuen bedeutenden Zwistigkeiten der Brüder Ludwig III. und Johann begegnen wir wiederum gegen den Ausgang des Jahres 1430.

Am 30. Januar des folgenden Jahres fand eine Vereinbarung Beider Statt, diese Streitpunkte durch den ehe-

---

*) Neuburger Copialbuch 26. Reg. B. XIII 176. Vergl. XIII 167 Regest vom 25. Nov. 1429.

**) Seit dem 4. März 1426 war Pfalzgraf Johann Wittwer.

***) Die Verlobung wurde am 2., die Vermählung am 8. Septbr. 1428 in Riedenburg gefeiert.

†) Vergl. oben S. 26 f.

maligen Vicedom Herzogs Johann von Niederbayern, den Ritter Heinrich Rothaft von Wernberg als Obmann zur Entscheidung bringen zu lassen.

Diese Entscheidung erfolgte am 20. März 1432. Der pfälzische Kurfürst hatte hiezu Albrecht v. Egloffstein zu Reicheneck und Peter v. Stetemberg, Herzog Johann hingegen den edlen Herrn Habmar v. Laber und Jörg den Mistelbeck erkoren.

Es handelte sich um Dorf Bamsendorff, um das Geleit zu Nabburg und Dreßwitz; um die Fuchsmühle und die Waldungen bei Waldeck und Parkstein; um Rechtsansprüche derer v. Luczelloe und Lauterhofen; um das Tannach-Holz bei Heinspurg und die Weiherstatt daselbst; um die Hämmer der Amberger in Herzogs Johann Land, dann die Dörfer und Güter des Spitals zu Amberg, um Ueberbürdung des Klosters Pülnhoven, Beschwerungen des Stifts Speinshart u. s. w.

Der schiedsrichterliche Spruch über all diese Punkte erfolgte zu Nürnberg „an dem pfincztag nach dem sontag in der vasten, als man in der hl. kirchen singet reminiscere,“ also am 20. März 1432.*)

Trotz oder vielmehr wegen dieses Spruches, mit dessen Inhalt keiner der Brüder zufrieden gewesen zu sein scheint, dauerten deren Zwistigkeiten fort, wie sich einem Schreiben des Kurfürsten Ludwig III. vom 20. August 1432 an den Markgrafen Friedrich von Brandenburg, die Herzoge Heinrich, Ernst und Wilhelm von Bayern, die Grafen von Oettingen ꝛc. also lauter Regensburger Bundesgenossen**) unschwer entnehmen läßt.

Der Kurfürst sagt in diesem Rundschreiben, daß sich etliche Geschichten und Sachen in seinem Lande zu Bayern

---

*) Original im Reichsarchiv. Ein Regest desselben folgt im Anhange als Nro. VIII.

**) Vergl. oben S. 22 †.

begeben hätten, worüber er Anspruch und Forderung an seinen
Bruder Johann erhoben, ihm nach einem Erkenntniße, das
die genannten Fürsten fällen würden, genug zu thun. Johann
habe sich hiezu bereit erklärt, darum möchten die Fürsten zur
Entscheidung einen Tag ansetzen.*)

Wir wissen nicht, wie die Sache verlaufen, da keine
weitern Urkunden hierüber auf uns gekommen zu sein scheinen.
Dafür haben andere sich aus jener Zeit erhalten, welche über
die Geschichte der Oberpfalz ein g a n z n e u e s Licht verbreiten.

Kurfürst Ludwig III. war, wie wir gehört, schon seit
längerer Zeit derart körperlich leidend, daß er seit dem Mai
1429 die Regierung des Kurstaates fast ganz in die Hände
seines Bruders Otto gelegt hatte. Hieburch war Letzterer
genöthigt, häufig für längere Zeit in Heidelberg zu weilen,
so daß der kurpfälzische Theil der O b e r p f a l z für eben diese
Zeit seinen seitherigen Statthalter gerathen mußte, was nicht
blos im Hinblick auf die steten Bedrängniße der Oberpfalz
durch die Einfälle der H u s s i t e n, sondern auch bei den
fortwährend gespannten Beziehungen der Brüder Ludwig III.
und Otto zum Pfalzgrafen Johann für die Dauer diesen
Landestheilen nur schädlich werden konnte.

Die Wahl eines neuen o b e r p f ä l z i s c h e n Statthalters
war die schwierigste von der Welt. Ludwigs Söhne**)
zählten, der älteste erst acht, der jüngste***) gar erst fünf
Jahre, an sie konnte also nicht einmal g e d a c h t werden.

Herzog S t e p h a n der andere Bruder hatte in seinen
Landen genug zu thun, außerdem war der S p o n h e i m e r
Erbstreit†), den er seit anderthalb Dezennien mit Ludwig III.
führte, noch immer nicht zur definitiven Lösung gelangt.

---

*) R. B. XIII 241. Ohne das Original ist das Regeſt nahezu
unverständlich. Abdruck des Erstern (es ist beim Reichsarchiv vorhanden)
folgt im Anhange als Nro. IX.

) Vergl. oben S. 26 *.

***) Namens Ruprecht, geb. am 27. Febr. 1427 zu Heidelberg.

†) Hievon später.

34

Wem also konnte man an Otto's Stelle die oberpfäl-zische Statthalterschaft anvertrauen? Es genügte nicht etwa ein Vicedom aus einem rhein- oder oberpfälzischen Ge-schlechte, der Ernst der Zeit erforderte die schirmende Hand eines mächtigen Fürsten, und wo diesen finden und zugleich den ehrlichen Gedanken in ihm, aus dieser Statthalterei nicht auch für sich nach Kräften Nutzen ziehen und die eine oder andere Veste, diese oder jene Stadt „annektiren" zu wollen?

Nach langer Ueberlegung entschied man sich am Hofe zu Heidelberg, offenbar auf den Vorschlag Herzogs Otto für dessen Schwiegervater Herzog Heinrich III. von Lands-hut, welcher eben damals in der schönen pfälzischen Residenz am Neckar persönlich anwesend war.

Es hatten nämlich die Straubinger-Erbfolge-Streitig-keiten nachträglich auch noch zu Auseinandersetzungen zwi-schen den Herzogen von München und dem Herzoge Heinrich geführt. Kurfürst Ludwig III. sollte in der Sache endgiltig entscheiden, zu welchem Behufe er die genannten drei Fürsten auf den ersten September 1432 nach Heidelberg einlud.*)

Die Einladung datirt vom 22. Juli, die Zusage der Herzoge, in Person zu Heidelberg sich einfinden zu wollen, vom 10. August 1432.**)

Wie aus einem Briefe Herzogs Wilhelm vom 5. Sept. gl. J. an den pfälzischen Kurfürsten hervorgeht, ist dieser Tag nicht zu Stande gekommen, denn während Herzog Heinrich sich pünktlich in Heidelberg einfand, war Wilhelm dazumal Protektor des Basler-Concils, kaum nach seiner Abreise von Basel, vom Concilium wieder auf's bringendste dahin zurückgerufen worden.***)

---

*) Fürstensachen im Reichsarchiv Tom. V.

**) " " " "

***) Vergl. Dr. Kluckhohn's Wilhelm III. in den Forschungen zur Deutschen Geschichte Bd. 11 S. 585.

Dagegen kamen die Verhandlungen mit Herzog Heinrich wegen Uebernahme des oberpfälzischen Statthalterpostens rasch zu Stande und Herzog Otto trat von demselben jetzt förmlich zurück.

Der Brief Ludwig's, womit er seinen Better auf diesen Posten berief — er datirt vom 7. September 1432 — lautet in seinem Eingange: „Wir Ludwig u. f. w. fursetzer der lanndes des Rynes zc) bekennen zc. das wir angesehen vnd betrachtet haben die sweren vnd willden leuffe besunder mit den bösen Huffen vnd letzern zue Beheym vnd sunst vil ander ruberey vnd schinderey, darumb wir von vnsers lanndes zu Beiern wegen dasselbe vnser land zu behüten vnd zu verbaren langzit grossen vnd sweren coften vnd arbait gehabt zc."

In Beziehung auf sein körperliches Befinden fagt der Kurfürst: „wand wir auch laiber etweuil jar vnd zeit tranck vnd swach an (auch) vnsers liebes nit vermögig geweft vnd auch noch nit vermogig sein, alfo das wir nit selber zu dem obgenanten vnserm lande gesehen das verwaren vnd aufzerichten mögen als vns vnd demselben zc. lande nöt were."

Bon Herzog Otto, dem seitherigen Statthalter der Oberpfalz wird gesagt, daß er „von sach wegen, die in darczu bewögten, das vorgenant vnser lannd ze Beyrn wider off vnd zu vnfern handen geben hat."

Die Uebertragung der Statthalterschaft an Herzog Heinrich, zu welchem der Kurfürst „fur andern (feinen) vettern magen vnd frunden ein besunder ganz getrowen hat," geschieht nun und zwar zunächst auf vier Jahre unter folgenden Bedingungen:

1) Herzog Heinrich nimmt alle Renten und Gefälle des Landes ein und verspricht all deffen Inwohnern, besonders aber den Klöstern Kaftl[*]) und Ensdorf Schutz und Schirm in ihrem alten Herkommen.

*) Durch Urkunde vom 8. Juni 1431 hatte König Sigmund die oben (S. 10 **) berührte Kaftler-Theilungs-Geschichte definitiv beigelegt. Mon. Boic. XXIV 603 ff.

2) Die kurfürstlichen Amtleute und Pfleger erhalten ihre jährlichen Bezüge wie bisher.

3) Dem Hintschil Pflug soll Herzog Heinrich die bereits ausgemachten jährlichen 300 fl. bezahlen,*) also „daz wir von demselben darumb nit bekümert oder angelangt dorffen werden.".

4) Ohne Einwilligung des Kurfürsten darf im oberpfälzischen Beamten-Personal eine Aenderung nicht vorgenommen werden.

5) Die Landschaft des Landes „es sein ritter oder knecht, stet oder merckt," soll Niemanden Kriegsdienst leisten und sich ihrer auch Herzog Heinrich nur dann nach Ausweis der (Regensburger?) Bundes-Artikel bedienen dürfen, wenn ihn „treffliche nöt angen wurde.“

6) Nach vier Jahren hat Herzog Heinrich das Land dem Kurfürsten, eventuell dessen ältestem Sohne ohne Verzug und Weigerung wieder zurückzugeben.

---

*) Der zur Gesellschaft vom Einhorn gehörige Ritter Hintschil (i. e. Heinrich) Pflug (bekannt als siegreicher Führer der Oberpfälzer in dem Treffen bei Hiltersried — richtiger Rötz — am 21. Sept. 1433) hatte im Verlaufe des Jahres 1431 die oberpfälzischen Gebiete der Kurpfalz mit Brand und anderer Beschädigung heimgesucht und sich seither geweigert, dem Kurfürsten selbst vor der Gesellschaft Recht zu geben. Im Gegentheil bereitete er sich durch Werbung von Genossen zu neuen Einfällen vor, weßhalb sich Ludwig III. am 5 Januar 1432 an Herzog Wilhelm von München als königl. (Conciliums-) Statthalter mit dem Ersuchen wendete, sich der Sache in Güte oder im Rechte annehmen zu wollen, eventuell ihm wider denselben Hilfe zu leisten. (Fürstensachen im Reichsarchiv Tom. V.) Obige Bestimmung scheint nun aus dem Schiedsspruche hervorgegangen zu sein, den Herzog Wilhelm gefällt, übrigens war vorher die Geschichte — am 6. Juli 1431 — von König Sigmund zur Entscheidung auch an Herzog Ernst, Wilhelm's Bruder übertragen worden. Noch sei zur Aufklärung der Sache bemerkt, daß Herzog Johann und sein Sohn Christoph seit dem 20. Dez. 1430 selbst Mitglieder des Einhorns geworden waren. — Hinc illae lacrimae!

Der Revers des neuen Statthalters, dies Alles vollziehen halten und thun zu wollen, was mit handgebender Treue und bei dem Eide gelobt wird, den der Herzog dem römischen Könige von des Reichs wegen geschworen hat, ist am darauffolgenden Tage (8. September) gefertigt.

Vom gleichen Tage ist das Publikations-Patent[*]) des Kurfürsten an alle Aebte, Pröpste, Prälaten, Ritter und Knechte, Landrichter, Landschreiber und Kastner, an alle sonstige Beamte und die Bürgermeister der Oberpfalz, worin denselben die Regimentsübertragung an Herzog Heinrich notificirt und befohlen wird, demselben die vier Jahre hindurch gehorsam und gewärtig zu sein.[**])

Nach seinem Lande zurückgekehrt, erließ Herzog Heinrich am 14. Oktober (1432) von Regensburg aus an die Bewohner des ihm zur Regierung anvertrauten Landes „zu Amberg" ein Schreiben des Inhalts, daß er seinen Rath und Pfleger zu Nabburg, Heymeran Rothaft, zum obersten Hauptmann über das Land gesetzt habe, welcher vorkommende Kriegsfälle mit Hilfe der oberpfälzischen Ritter, Pfleger, Städte 2c. und namentlich nach Rath Friedrich's Wolffstein er und des Magistrats zu Amberg wenden und zur Hand nehmen werde.

In allen Geschäften als Statthalter beim oder für den Herzog empfängt der Hauptmann „fuderung und kosste," wie andere Räthe, dabei etwa erlittener Schaden wird Demselben vergütet und ihm für das erste Jahr ein Sold von 200 fl. versprochen.[***])

---

[*]) Beide Urkunden, dem Neuburger Copialbuch 186 entnommen, folgen im Anhange sub nro. X und XI, nemlich der zugleich seine Bestallung enthaltende Revers Herzogs Heinrich und das Publikations-Patent Ludwig's III. vom 8. September.

[**]) Aus gleicher Quelle folgt von dieser Urkunde ein Regest als Beilage XII.

[***]) Ditto Beilage XIII.

Am nämlichen Tage wurde in ähnlicher Weise auch Herr Ulrich Wallbawer gegen einen Jahressold von 150 fl. in des Herzogs-Statthalters Dienste genommen. *) —

Jetzt erst erhalten die Regesten vom 10. September und 15. Oktober 1433, dann vom 30. Juni 1435 in den Regestis Boicis, **) wo von einem Landschreiber und Pfleger Herzogs Heinrich in Amberg die Rede ist, ihr eigentliches Verständniß.

Herzog Heinrich bekam bald Gelegenheit, seine statthalterische Thätigkeit in der Oberpfalz zu entfalten. Ein Edler v. Käwß hatte beim Kriegszuge Ludwig's III. nach Lothringen im Jahre 1431 ***) schlimmen Schaden genommen, und wandte sich zum Ersatz an den Kurfürsten, starb aber, bevor noch die Sache in Gang gebracht war, worauf seine beiden Brüder derselben sich beim pfälzischen Hofe auf das Lebhafteste annahmen. Man wies jedoch die Kläger in Heidelberg einfach an Herzog Heinrich von Landshut, welcher nach langen Verhandlungen am 29. Oktober (1432) in Amberg mit Hilfe des Burggrafen Heinrich von Meissen und Herrn zu Plauen, des Friedrich von Wolffstein, Peter's von Walsperig und des Amberger Bürgermeisters Jordan Giesser ein Kompromiß zu Stande brachte, wornach er selbst den Zwist durch Schiedsspruch beilegen oder eventuell in der Sache Recht sprechen sollte. †)

Ein anderer Streit entspann sich im Jahre 1434 darüber, wem das oberpfälzische Dorf Balcze zugehöre.

Herzog Heinrich oder vielmehr der dortmalige Vicedom von Amberg, Konrad von Rosenberg, behaupteten, das Dorf gehöre zum Amberger-Landgerichte, während Pfalz-

---

*) Vergl. den Schluß vorerwähnter Beilage.
**) R. B. XIII S. 268, 271 und 344. Alle drei betreffen Soldauszahlungen an den obengenannten Friedrich von Wolffstein.
***) Veit Arnpek bei Pez (Thesaurus etc. Tom. III P. III 301).
†) Neuburger Copialbuch 18 b.

graf Johann und die von Sulzbach erwiederten, Balge sei
frißbachisch, d. h. bayerisch, mit andern Worten: es
gehöre in die bayerische Pfandschaft. *)

Hierüber wurde beiderseits heftig korrespondirt, ja Pfalzgraf Johann zog sogar den Münchner-Hof in Mitleiden-
schaft, indem er unterm 6. Oktober (1434) an Herzog Wilhelm
unter Anderm schrieb „mit uwer hilff, an die wir des nit
vermogen, wolln wir der herschafft Sulczbach ungern nichts
entcziehen laßen, alls ir dann wifft, das ir gein uns verschriben seit uns darczu zu helffen. uns beuchte auch gut
sein, das ir unnserm bruder von der sach wegen ernstlichen
geschriben ꝛc." **)

Die Sache war noch am 7. Januar 1435 um kein Haar
weiter gediehen; ***) kein Wunder, denn da man dortmals
am Hofe zu Heidelberg, wo des kränklichen und alten
Kurfürsten Befinden dem Ehrgeiz der herrschenden Parteien
einen willkommenen Spielraum bot, um die Erringung der
obersten Gewalt sich stritt, konnten selbstverständlich solch
untergeordnete Interessen die ihnen gleichwohl gebührende
Würdigung nicht finden.

Für unsere Zwecke mag es genügen, daß sich am 14. Juni
1435 zu Heidelberg eine Art Regentschaft unter dem Vor-
sitze der Kurfürstin Mechtild und Herzogs Otto konstituirte,
welche den dahin siechenden Kurfürsten bereits völlig ignorirte.†)

Die Regentschafts- und Vormundschafts-Angelegenheit

---

*) Vergl. oben S. 29 f.
**) Reg. B. XIII 816. Vergl. XIII 176 Regest vom 15. Mai 1430.
***) Reg. B. XIII 326. Vergl. XII 214 Regest vom 4. Jan. 1416.
†) Nachricht aus dem k. geh. Hausarchiv. Nach wie vor wurden
übrigens die pfälzischen Urkunden, wenigstens in der Regel, auf Ludwig's
Namen hin gefertigt, wie uns deren eine vom 30. Juni 1435 vorliegt,
die Bestallung Jörg's Trautenberger als Amtmanns zu Walbeck.
Von der in einem oberpfälz. Copialbuche des Reichsarchiv's enthaltenen
Urkunde folgt im Anhange sub nro. XIV ein Regest.

der Kurpfalz war hiedurch jedenfalls in ein neues Stadium getreten, was wohl am allerwenigsten dem Pfalzgrafen Johann entgieng. Um seine jetzt durch Thatsachen nicht blos gefährdeten, sondern völlig in Frage gestellten Rechte zu sichern, wandte er sich direkten Weges an seinen langjährigen Herrn und Gönner, an Kaiser Sigmund selbst.

Eine einzige Urkunde ist uns erhalten, welche auf den Erfolg dieses verzweifelten Schrittes und auf den Gang der hiedurch veranlaßten Unterhandlungen einiges Licht wirft.

Unterm 19. Januar 1436 ergeht nämlich seitens des Kaisers ein Antwortschreiben an Herzog Johann,*) zu welchem uns freilich die Initiative, Johann's Brief an Sigmund fehlt. Indessen gestattet uns das kaiserliche Schreiben Einblick genug in die Sache selbst.

Vor einiger Zeit schon hatten sich sowohl Herzogs Johann, als auch seines Bruders Otto und der Pfalz gemeiner Räthe Botschaften am kaiserlichen Hoflager zu Tirnau eingefunden.**) Sigmund gab ihnen dort mit einander den sehr vernünftigen Rath, ihre Vormundschafts- und Administrations-Streitigkeiten unter sich selbst zu einem gütlichen Ende zu bringen, lud sie aber im gegentheiligen Falle auf einen Tag vor sich, den er auf das kommende Dreikönigsfest anberaumte.

Während nun der Kaiser (Mitte Dezembers 1435) in Totis weilte, erhielt er von den pfälzischen Räthen ein Schreiben des Inhalts, wie es ihnen gar nicht gebühre, „um die Vormundschaft zu rechten," weßhalb sie ihn demüthig baten, den Pfalzgrafen Johann mit seinen Ansprüchen auf die pfälzische Vormundschaft ein für alle Mal abzuweisen.

---

*) Reg. B. XIII 366.

**) Nach Aschbach (Geschichte Kaiser Sigmund IV. 507) war der Kaiser vor dem Beginn des Jahres 1436 Ende August 1435 das Letztemal in Tirnau gewesen. Es scheint sonach der pfälzische Vormundschafts-Streit nach dem Juni 1435 an den Kaiser gediehen zu sein.

Der mittlerweile in Sulzbach angestellte Versuch, die Sache gütlich beizulegen, war resultatlos geblieben, worauf Herzogs Johann Räthe am festgesetzten Termine (6. Januar 1436) wirklich in Stuhlweißenburg vor dem Kaiser erschienen und um endliche Entscheidung des Streites baten.

Sigmund hatte in dem kaum beruhigten Böhmen alle Hände voll zu thun, weßhalb er die Sache abermals vertagte und einen neuen Termin auf kommende Pfingsten ansetzte. Hievon nun gab er in dem beregten Schreiben vom 19. Jan. 1436 dem Pfalzgrafen Johann Kenntniß mit dem Anhange, am bezeichneten Tage die Sache entweder gütlich oder im Rechte und zwar ohne Rücksicht auf das Wegbleiben der Parteien lediglich zu Gunsten des gehorsamen Theiles entscheiden zu wollen.

All' unsere Nachforschungen nach weitern Urkunden und Korrespondenzen in dieser Sache — der eben geschilderte Gang der Verhandlungen zeigt, daß ihrer nicht wenige gewechselt worden sein müssen — sind bis jetzt fruchtlos gewesen.

Die Schritte des Pfalzgrafen Johann am kaiserl. Hofe, deren nächstes Resultat (es war jedenfalls kaum nennenswerth) wir also nicht kennen, machte gleichwohl die Freunde des kurpfälzischen Hauses, machte selbst den Hof und die Regentschaft zu Heidelberg stutzig.

Zwar zeigte die Haltung Kaisers Sigmund noch immer keine auffallende Hinneigung zum Pfalzgrafen Johann, aber gegenüber der Bulle Sigmund's vom 8. März 1434*) war es unmöglich, sich darüber zu täuschen, wie in dieser Sache die kaiserliche Entscheidung ausfallen werde, falls Ludwig III. von der Pfalz nicht mehr am Leben sein würde.

Auf der andern Seite konnte sich die pfälzische Re=

---

*) Diese Bulle war lediglich eine Wiederholung der oben (S. 17) erwähnten Urkunde Sigmunds vom 8. November 1414.

genschaft nicht verhehlen, daß die Art der (bereits erwähnten *) Absetzung Ludwig's vom 14. Juni 1435 böswilligen Entstellungen und Verdrehungen Stoff genug dargeboten habe.

Wußte man, daß des Kurfürsten jüngster Rücktritt von der pfälzischen Regierung ein ganz unfreiwilliger gewesen, wie mochte dann Herzog Otto sein Recht auf Bevorzugung vor den ältern Brüdern aus einer ähnlichen Erklärung herleiten wollen, deren Freiwilligkeit Angesichts des jüngst auf Ludwig III. ausgeübten Zwanges ja eben so gut angezweifelt werden konnte?

Es war demnach weniger eine Koncession an die öffentliche Meinung, wenn Otto sich jetzt bemühte, zu der Entfernung seines Bruders von der Regierung nachträglich noch dessen eigene Einwilligung beizubringen, als eine bloße Sicherstellung seiner zukünftigen Vormundschaftsrechte gegenüber den Bestrebungen des Pfalzgrafen Johann, eben diese Rechte über den Haufen zu werfen.

Der schlaue Herzog erreichte seinen Zweck durch ein vom Erzbischof Raban von Trier **) und dem Deutschordensmeister vermitteltes Kompromiß vom 28. Febr. 1436, in welchem dem Kurfürsten Ludwig nominell die Regierung zurückgegeben wurde, während faktisch Alles beim Alten blieb, denn Ludwig's immer mehr zunehmende Schwäche benahm ihm sicher alle Lust, den kurzen Rest seines kummervollen Daseins sich noch mit unnützen Regierungssorgen zu vergällen.

Es mochte auch der in seiner Hauptzusammensetzung sich gleich gebliebene Regentschaftsrath doch wohl mehr nach den bestimmten Intentionen Herzogs Otto sich richten, in dessen Person er den zukünftigen alleinigen Machthaber zu verehren

---

*) Oben S. 39.

**) Raban war von Papst Martin V. hauptsächlich auf das Betreiben des pfälzischen Kurfürsten hin Ende 1430 auf den erledigten Kurstuhl von Trier berufen worden. Er wäre besser in Speier geblieben.

hatte, als nach den schwankenden Entschlüssen eines zusammengebrochenen alten Mannes, welchem jeder nächste Morgen das letzte gebieterische Halt zurufen konnte.

Wo in der Welt war und ist es jemals anders gewesen? Alles neigt sich lieber der stolz aufgehenden Sonne zu, als den letzten schwachen Strahlen des Tageslichts, das unter hochaufgethürmten Gewitterwolken allmählig dahin stirbt. —

Herzog Otto hatte durch die Erklärung vom 28. Febr. 1436 einen Meisterzug im Schachspiele der pfälzischen Vormundschaft und Regentschaft mit seinem Bruder Johann gethan.

Die Betheiligung von Reichsfürsten bei dem Kompromiße, welche einerseits mit der kurpfälzischen Familie eng befreundet, andererseits durch ihre hohe Stellung im Reiche und noch mehr durch ihren ehrenwerthen Charakter über jeden Verdacht erhaben waren, sich zum Nachtheil der Agnaten des pfälzischen Hauses an einer Intrigue betheiligen zu wollen, gab der Vormundschafts-Uebertragung an Otto neuerdings festen Grund.

Indem Erzbischof Raban und der Deutschordensmeister einer an sich rechtswidrigen Bestimmung ihre Autorität liehen, war wohl, mochte Herzog Otto hoffen, die Giltigkeit der letztwilligen Verfügung Ludwig's III. bereits zur Kontroverse geworden und somit die ganze Frage in's Gebiet des Staatsrechtes hinübergespielt.

Während man so allerseits den Kurfürsten noch bei lebendigem Leibe beerben wollte und sich um die Herrschaft über die Kurpfalz — denn was steckte zuletzt Anderes hinter dem Prätexte der Vormundschaft? — ruhelos hin und herstritt, ertheilte Ludwig III. am 9. Oktober 1436 (also dritthalb Monate vor seinem Tode) seinem Lande in Bayern, d. h. der Oberpfalz Befehl, im Falle seines Ablebens sofort seinem erstgebornen Sohne Ludwig (IV.)

als deſſen rechtem natürlichen Erbherrn und Fürſten zu huldigen und ihm den Eid der Treue zu ſchwören. *)

In dieſer Urkunde nun erklärt der Kurfürſt für den
Fall ſeines Ablebens jenes ſeiner vielen Teſtamente für allein
giltig, welches er vor dem Antritt ſeiner Wallfahrt nach
Jeruſalem (am 28. Auguſt 1426) errichtet.

Dieſe Erklärung erſcheint um ſo auffallender, als Ludwig
gerade dieſes Teſtament vom 28. Auguſt 1426 durch eine
neuere ſolche Urkunde vom 5. Oktober 1427 ausdrücklich an-
nullirt hatte, **) und doch liegt der Schlüſſel, womit das
ſcheinbare Räthſel gelöſt werden ſoll, ſo ganz nahe.

Ein doppeltes Gebot der Moral trat an den Kurfürſten
heran, als er die ihm noch gegönnten wenigen Tage zu zählen
ſich vermaß, das Gebot der Moral der Religion und jenes
der Moral der Politik.

Unverſöhnt, gebot die Religion, durfte Ludwig nicht von
ſeinen Brüdern ſcheiden. Ihnen ſollte Recht werden, ſoweit
als möglich.

Unbeſchirmt durfte nicht, gebot die Politik, der junge
Kurprinz zwei zürnenden Oheimen gegenüber gelaſſen werden;
deßhalb mußte man den Verſuch machen, wenigſtens einen
von ihnen zu gewinnen.

Es iſt alſo Ludwig's Erklärung vom 9. Oktober 1436
ein Akt der Verſöhnung mit ſeinen beiden ältern Brüdern,
welche im Teſtamente vom Jahre 1427 doch gar zu unbrüder-
lich übergangen waren. Bot er ihnen damit auch noch lange
nicht, was ihnen, zunächſt Johann, von Rechtswegen gebührte:

---

*) Original im k. geh. Staatsarchiv dahier. Vom Abdruck dieſer
und anderer ſchon erwähnter Urkunden, die letzwilligen Verfügungen
Ludwig's III. betr. nehmen wir aus dem einfachen Grunde Umgang,
weil wir bemnächſtens eine Monographie über den Kurfürſten vorbe-
reiten, in der dieſe Urkunden dann nach ihrem vollen Inhalte verwer-
thet werden ſollen.

**) Oben S. 27.

Antheil an Regierung und Vormundschaft, so war doch eine Brücke zur spätern Verständigung hergestellt, welche das Testament des Kurfürsten von 1427 völlig hinter sich abgebrochen hatte. Es traten z. B. Pfalzgraf Stephan wieder in seine Rechte als zweiter Vormundschaftsrath, Pfalzgraf Johann in die Theilnahme am pfälzischen Kriegsrath — falls solche Gefahr drohte — wieder ein.

Hiedurch war für's Erste die Zahl der Gegner von Herzogs Otto Vormundschaft um einen wichtigen vermindert, denn welche Ursache mochte Herzog Stephan als nicht einmal zunächst berechtigter Agnat zu noch längerm Widerstande gegen eine Bestimmung haben, die ihm jetzt mehr einräumte, als ihm, falls der älteste Bruder Johann zur Vormundschaft gelangt, jemals zugekommen sein würde?

Und selbst dieser Letztere sah sich mit seines Bruders Testaments-Aenderung in eine eigene Lage versetzt. Durch selbe mit in den pfälzischen Kriegsrath berufen, blieb ihm nur die Wahl, im Falle eines Angriffs auf den Kurstaat dem betreffenden Rufe Folge zu leisten, oder das Erbtheil seiner Neffen schutzlos ihren Feinden zu überlassen.

Nicht blos gehässig, sondern höchst unpolitisch hätte man mit vollem Rechte ein solches Gebahren schelten müssen. That nun aber Pfalzgraf Johann das Erstere, so lag hierin wenigstens eine theilweise Anerkennung des ihn in seinen agnatischen Rechten doch so beeinträchtigenden Testamentes; oder doch ein Verzicht auf deren unbedingte und rückhaltslose Geltendmachung.

Um uns kurz zu fassen: die in Ludwig's III. Testaments-Abänderung vom 9. Oktober 1436 so schön angebahnte Versöhnungs-Politik des sterbenden Kurfürsten hatte den letzten und Haupt-Gegner der testamentarischen Vormundschaft Otto's wider seinen Willen auf die Bahn friedlicher Abmachungen hinübergedrängt.

Am 30. Dezember 1436 starb Ludwig III. und wurde

beiucht: Geist in Heidelberg neben seinem Rngl. Bater in die Gruft gesenkt. Sein letztes Wort galt neben Oppenheim,[*) dem Orte wo sein Bater gestorben war, der Oberpfalz, also gerade jenem seiner Lande, dessen Erhaltung bei der pfälzischen Kur ihm so nachhaltige Feindseligkeiten mit dem eigenen oberpfälzischen Bruder bereitet hatte![**)

Unmittelbar darauf begannen zwischen den Brüdern Johann und Otto die Verhandlungen wegen des Vollzugs des letzten Willens ihres verstorbenen Bruders. Pfalzgraf Johann hatte hiezu die pfälzischen Räthe: Eberhard von Reipperg, Conrad von Rosenberg und Heinrich von Fleckenstein den Aeltern Vogt zu Selz bestimmt, während für Herzog Otto die drei Oberpfälzer Wilhelm von Wolffstein, Martin von Wildenstein und Erhart Mistelbeck erlesen waren.

Der Zusammentritt dieser Teidingsleute erfolgte Mitte Januars 1437 zu Heidelberg und schon am 25. dieses Monats ward zwischen ihnen ein provisorisches Abkommen zu Stande gebracht, welches wir aus gleich näher zu erörternden Gründen als ein vorläufig geheimes uns zu bezeichnen genöthigt sehen.

Man hatte sich im Vertrags-Entwurfe hauptsächlich über nachstehende Punkte allseitig geeinigt:[***)

Der junge Kurfürst begiebt sich sofort nach seinen bayerischen Gebietstheilen in der Oberpfalz und läßt sich dort als rechtem Erbherrn überall nach alter Sitte huldigen.[†)

---

*) W. Frank Oppenheim. Urkundenbuch S. 462 ff. Nro. 178 zu seiner Geschichte der ehemaligen Reichsstadt Oppenheim.

**) Reg. B. XIII 399. Urkunde Ludwig's III. vom 13. Dezbr. 1436 für Nabburg.

***) Die betreffende Urkunde ist in einem oberpfälz. Copialbuche im Reichsarchive enthalten.

†) Amberg huldigte am 3., Nabburg am 14., Neumarkt am 16. Juni 1437 2c.

Hierauf befiehlt er diese Lande seinem Ohaime dem Pfalzgrafen Johann, daß sie derselbe getreulich handhabe, schirme und verantworte, ganz in der nämlichen Weise, wie sie einst dem Pfalzgrafen Otto befohlen wären.*)

Der Besitz der oberpfälzischen Präcipual-Kurlande seitens des Pfalzgrafen Johann dauert so lange, bis Ludwig IV. sein achtzehntes Jahr erreicht haben wird.

Mit dem Eintritte dieses Alters hat er dieselben seinem Neffen ohne Verzug und Hinderniß wieder auszuantworten und zwar sobald hiezu die schriftliche Aufforderung an ihn gelangt ist. —

Weitere Bestimmungen, die bei dieser Gelegenheit noch vereinbart wurden, beziehen sich auf Herzogs Otto Vormundschaftsgehalt von jährlich 1000 fl., auf die Art und Weise, wie allenfallsige Streitigkeiten zwischen der Kurpfalz und Herzog Johann über Zölle, Geleit, Bergwerkswesen ꝛc. beigelegt werden sollen und auf anderes mehr, dessen ausführliche Erörterung weiter unten nicht ausbleiben wird.**)

Es bedarf keiner besondern Versicherung, daß diese Stipulationen, wie sie uns jetzt vor Augen liegen, nicht sofort an das Tageslicht treten konnten.

Seither so ängstlich um seine agnatischen Rechte besorgt, durfte sich's Pfalzgraf Johann Angesichts des Reiches denn doch nicht so rasch anmerken lassen, daß all seine legitimen Bemühungen keinen andern Hintergrund hatten, als dabei, indem er jetzt einen längst gehegten sehnlichen Wunsch sich endlich verwirklichen sah, rein nur auf seinen speciellen Vortheil bedacht gewesen zu sein.

Man maskirte beiderseits diese frühere Uebereinkunft durch ein noch am gleichen Tage mit ihr in Johann's Namen

---

*) Vergl. oben S. 23.

**) Vom Eingange abgesehen, ist diese Urkunde der folgenden im Anhange als Nro. XV abgedruckten vom 25. Jannar 1437 nahezu gleich. Letztere ist einem oberpfälz. Copialbuche entnommen.

ausgefertigtes, sagen wir officielles Dokument, welches als ein Meisterstück diplomatischer Raffinirtheit bezeichnet zu werden verdient. *)

Mit an's Rührende streifender Naivität läßt sich der Pfalzgraf vernehmen, wie folgt:

Nachdem sein Bruder der Kurfürst leider gestorben sei und drei junge Söhne hinterlassen habe, die sich noch unter ihren Jahren und also nicht im Stande befänden, ihre väterlichen Lande selbst zu regieren, so habe er, als des Verliebten ältester Bruder, sich gemäß den Bestimmungen der goldenen Bulle **) der Vormundschaft über seine Neffen unterwunden, bis sie zu ihren Jahren und Tagen gekommen wären.

Nun sei die Sache von ihm und mit seinen Räthen gar wohl überlegt und dabei in Erwägung gezogen worden, wie es möglich wäre, zugleich die Lande seiner Neffen und seine eigenen am besten zu bestellen und zu regieren, ohne daß hiedurch die einen oder andern zu Schaden kämen.

Er, der Pfalzgraf, sehe recht gut ein, daß er, um sich den Vormundschaftsgeschäften gehörig zu unterziehen, seine eigenen Lande häufig verlassen und hinab an den Rhein ziehen müßte, was ihnen, die dermalen den verschiedensten Angriffen ausgesetzt seien, sehr schwer fallen dürfte.

Umgekehrt sähen sich, falls er immer zu Haus in seiner Oberpfalz bleiben wollte, seine Neffen und deren Lande hintangesetzt, da sie ja sonst Niemanden hätten, (!) der sich ihrer annehmen würde.

Ein ewiges Hin- und Herreiten aber, jetzt hinab an den Rhein, jetzt wieder nach Bayern zurück, fiele seinem Körper allzuschwer ***) und wäre auch bei der Unsicherheit der Straßen nicht immer rathsam. †)

---

*) Auch dies Dokument ist in einem oberpfälz. Copialbuche vorhanden.
**) Vergl. oben S. 17.
***) Hiezu erwähnen wir blos, daß Johann im besagten Jahre (1437) 54 Jahre zählte!
†) In der Urkunde selbst heißt es: „Das vnns daz an vnnserm

Diesem Allen zu Folge erwüchsen also für Johann aus der pfälzischen Vormundschaft nur Nachtheile, welche in. noch größerem Maaße die beiden Länder treffen würden.

Um sich nun nicht dem Verdachte auszusetzen, als gehe er in der Sache blos seinem eigenen Interesse allein nach, (!) habe er sich dies Alles nochmals und wiederholt überlegt, und sei zu dem Resultate gelangt, daß es. doch besser wäre, sich nach einer geeigneten Persönlichkeit umzusehen, welche an seiner Statt die Vormundschafts-Geschäfte übernehmen und führen könnte und wollte. *)

Da ergäbe sich denn, daß die Besitzungen seines Bruders Otto den Kurlanden am nächsten lägen. Zudem kenne sich Dieser, der schon zu Lebzeiten ihres kurfürstlichen Bruders viel am Heidelberger Hofe verweilt, und die dortigen Regierungsgeschäfte mitbesorgt habe, in derlei Angelegenheiten wohl am Besten aus. **)

Ihn also habe er gebeten, sich der Vormundschaft über die Neffen und deren Lande anzunehmen und ihm sonach alle jene Vormundschaftsrechte, wie sie dem Senior der Familie sowohl die goldene Bulle, als das agnatische Recht verleiht, freiwillig übergeben, auch demselben seine Hilfe und Unter-stützung wider alle Gegner zugesagt, worauf endlich Herzog Otto mit seiner Erklärung, die Vormundschaft übernehmen zu wollen, nicht länger mehr gezögert und das Versprechen, Alles nach seinem besten Vermögen auszurichten und zu be-sorgen, in feierlicher Weise abgegeben habe. —

---

letzbe groß swerkeit vnd auch von vnsicherhaitt der lauden vnd straffen grossen schaden vnd vnstatten pringen möcht."

*) Die ganze Sophistik dieser Vertragseinleitung erhält ihr wahres Licht erst durch den nachfolgenden Vertrag vom 5. Juni 1437, in wel-chem der Preis für Johann's Zurücktreten von der Vormundschaft specialisirt ist.

**) Und doch sagt Herzog Johann weiter oben: da sie (feine Neffen) Niemanden hätten, der sich ihrer anfehmen würde!

50

Aus diesem bisher unbekannten, für die Wittelsbachische
Familiengeschichte nicht uninteressanten Vertrage lernen wir
zugleich den eigentlichen Gang der Verhandlungen, welche seit
Ludwig's III. Ableben zur Beilegung der bisherigen Streitigkeiten zwischen den beiden Brüdern Johann und Otto gepflogen
wurden, noch genauer kennen.

Offenbar hatte man sich vorerst dahin geeinigt, daß im
Principe an der testamentarischen Anordnung des Kurfürsten
nichts geändert werden, d. h. daß Otto Vormund bleiben sollte.

Allerdings mußte sich's derselbe dafür gefallen lassen,
die viel- und hartnäckig-bestrittene Würde aus den Händen
seines ältesten Bruders Johann entgegen zu nehmen, der
diese großmüthige Abtretung, wie wir ja eben vernommen,
mit einer langen Reihe der scheinbar stichhaltigsten Gründe
zu motiviren suchte, ohne uns indeß darüber vergeßen zu
machen, daß eben dieselben Gründe wohl auch damals schon
bestanden haben, als er, vor etwa einem Jahre, beim Kaiser
die Erreichung dieses Zieles mit allen erdenklichen Mitteln
durchzusetzen versucht hatte. *) —

Dem Buchstaben nach war auf diese Weise zu gleicher
Zeit das Ansehen der Reichs- und Hausgesetze gewahrt wor-
den, **) ein Ausweg, auf welchem, wenn Friedenreich,
Zeschlin und Moser ihn gekannt hätten, ***) die Literatur

---

*) Vergl. oben S. 40 ff.
**) Nunmehr hatte die Zulassung Otto's zur Tutel auch kaiserlicher-
seits keinen Einwand und Widerspruch mehr zu befahren und D. Pareus
konnte also (Illst. Bav. Palat. 220) mit Recht sagen: defuncto Ludovico
a Sigismundo Imperatore Otho in continenti ad tutelam admissus est.
Wirklich gibt Otto als Vormund seines Vetters Ludwig schon am 30.
Januar 1437 seinen Willebrief dazu, daß der Kaiser die Stadtsteuer
zu Memmingen seinem Protonotar M. Kaisacher verpfändet. Damit för-
derte der Pfalzgraf seine allgemeine Anerkennung. Orig. im Reichsarchive.
***) Fast alle erzählen sie uns von einem durch vieles „Bitten,
Persuadiren und Schenken" erwirkten freiwilligen Verzicht der ältern
Brüder Otto's auf die pfälz. Vormundschaft.

des deutschen Staatsrechts zweifelsohne um etwelche Druck-
bogen ärmer geblieben wäre.

Doch kommen wir endlich des Nähern auf den Preis
selbst zu sprechen, welchen sich Pfalzgraf Johann — im Allgemeinen kennen wir ihn schon — für seinen Verzicht aus-
bedungen.

Die Verhandlungen hierüber sponnen sich noch mehrere
Monate fort. Kurfürstlicherseits hatte man, wie es scheint,
als Grundbedingung, von deren Erfüllung das Schicksal der
übrigen Verhandlungen abhängig gemacht wurde, nicht blos
die Zurückgabe jener Urkunde von Herzog Johann gefordert,
welche Pfalzgraf Ruprecht III. am 2. Juli 1374 seinem Groß-
oheime wegen der Nachfolge des jeweiligen ältesten Prinzen
in der Kurpfalz ausgestellt hatte und wovon sich Herzog
Johann am 23. April 1417 zu Regensburg ein Vidimus hatte
fertigen lassen,*) sondern man verlangte noch überdies von
demselben eine förmliche Verzichterklärung hinsichtlich aller
Ansprüche und Prätensionen, die er in frühern
Zeiten auf die Kur erhoben hatte.

Am 3. Juni übergab Pfalzgraf Johann in der That
das verlangte Vidimus in die Hände seines Neffen Ludwig IV.
und stellte darüber noch am gleichen Tage eine eigene Urkunde
aus, in welcher er gänzlich auf alle Rechte „die wir als von
desselben brieffs wegen zu der Pfaltz und Khure
gehabt hatten und gehaben mochten" Verzicht leistet.**)

Sonach ließ das beiderseitige gänzliche Uebereinkommen
nicht lange mehr auf sich warten.

Schon nach 2 Tagen, am 5. Juni (1437) war man in
Amberg definitiv über nachbenannte Punkte übereingekommen,
welche in eine Urkunde zusammengefaßt wurden, von deren

*) Vergl. oben S. 18.
**) Abgedruckt in der „Gründl. Deduction des Jhro Churf. Durch-
laucht zu Pfaltz auff die eventuale Succession In das Herzogthum Zweybrücken zustehenden Primogenitur-Rechts 1727" als Beilage XXIII p. 58.

Exiſtenz bisher gleichfalls kein pfälziſcher Geſchichtſchreiber Wiſſenſchaft gehabt zu haben ſcheint.*)

1) Pfalzgraf Johann erhält für die Dauer der Vormund- ſchaft ſeines Bruders Otto über den jungen Kurfürſten die kurpfälziſchen Gebietstheile in Bayern (reſp. in der Oberpfalz), um ſelbe in Otto's (als eines Vor- mundes) und in Ludwig's IV. Namen inne zu haben.

2) Johann bezieht innerhalb dieſer Zeit (d. h. bis Ludwig achtzehn Jahre alt geworden iſt) alle Einkünfte dieſer Lande, die er bei ihren ſeitherigen Rechten und Frei- heiten zu erhalten und zu beſchirmen gelobt.**)

3) Hat der junge Kurfürſt ſein achtzehntes Jahr erreicht, ſo ſoll ihm Herzog Johann das Land ohne allen Verzug wieder zurückgeben.

4) Letzterer darf während des beſagten Zeitraumes in dem ihm anvertrauten Lande kein Schloß und keine Stadt verſetzen, veräußern oder verändern.

Die Wildbahnen ſoll er getreulich ſchirmen und hand- haben, und keine fremde Jagdbarkeit darin dulden, auch die Wälder und Zimmerhölzer***) nicht verhauen, noch verhauen laſſen, auch nicht verkaufen oder verändern. Das für die Schlöſſer nöthige Bauholz, oder was zur Steuer der Nothdurft armer Leute gebraucht wird, iſt ihm zu hauen geſtattet.

5) Die im beſten Zuſtande befindlichen, wohl beſetzten

*) Sie iſt uns in einem beim k. Reichsarchive hinterliegenden oberpfälz. Copialbuche erhalten, und bildet Nro. XVI der im Anhange abgedruckten Urkunden.

**) Die Klöſter Kaſtl und Ensdorf werden auch hier namentlich als ſchutzbedürftig angeführt. Vergl. oben S. 35 Nro. I.

***) Ein Theil dieſer Waldungen iſt mit Namen aufgeführt, was wohl für eine ſpeciellere Ortsgeſchichte, auch für die oberpfälz. Topo- graphie Werth haben mag, uns aber doch ein näheres Eingehen darauf ſchon des Raumes halber hier nicht geſtattet.

Weiher und Schäfereien soll Johann darin zu erhalten suchen, und

6) alle Jahre, so lange er das Land innehat, seinem Bruder Otto 1000 fl. Rh. in zwei Zielen nach Frankfurt schicken und bezahlen, welche Summe Diesem gemäß Testamentes des Kurfürsten um der Vormundschaft willen zukommt. *)

7) Die Steuern dürfen nicht erhöht werden. Frevel und Bußen sind mit möglichster Schonung beizutreiben.

8) Pfalzgraf Johann soll seinem Bruder Otto als einem Vormunde der Pfalz sowohl für die Lande in Bayern, als am Rhein in allen Sachen, wo es Noth thut und er darum ersucht wird, getreulich beholfen sein, nur nicht gegen ihren beiderseitigen Bruder Herzog Stephan, falls dieser mit Ansprüchen gegen den jungen Kurfürsten, dessen Brüder oder die Pfalz selbst hervortreten sollte. In diesem Falle hat Herzog Johann die Vermittler-Rolle zu übernehmen.

9) Käme es dessen ungeachtet pfälzischerseits mit dem Herzog Stephan zum Kriege, so soll es dem Pfalzgrafen Johann freistehen, dem jungen Kurfürsten und dessen Brüdern zu helfen oder nicht. **)

---

*) Das Testament vom 5. Oktober 1427 hatte für Otto als zukünftigen Vormund einen Jahresgehalt von 2000 fl. ausgeworfen. Mit Aufhebung dieses Testaments hätte auch der Gehalt wieder fallen müssen (man vergl. oben S. 44 f.), aber Otto hatte seitdem einen Vertrag mit den Kindern Ludwig's III. errichtet, worin er (am 20. Septbr. 1435) auf die Hälfte des Gehalts Verzicht leistete. So waren ihm also noch jährlich 1000 fl. verblieben.

**) Zur Aufhellung der Beziehungen zwischen den Brüdern Stephan und Otto ist dieser Vertragspunkt von Wichtigkeit. Selbe müssen, wenn man sich hier nicht scheute, vom möglichen Ausbruche der Feindseligkeiten Erwähnung zu machen, ernst genug gewesen sein! Später noch Mehreres hievon.

10) Ohne Einwilligung Herzogs Otto, des Vormundes darf Johann im Lande Amtsleute weder setzen, noch entsetzen; auch soll er die vorhandenen, so lange er das Land inne hat, mit Lohn und sonst ausrichten, wie sich's gebührt, und zwar ohne allen Zuschuß aus der Pfalz.

Alle neuen Amtleute schwören dem Vormunde anstatt des jungen Kurfürsten den Eid der Treue, doch geloben sie zugleich, dem Pfalzgrafen Johann in seinen Sachen zu dienen und rathen, wo es nicht gegen ihren Erbherrn, den Kurfürsten und wider die Pfalz gilt.

11) Beitreibung solcher Steuern, welche zugleich in der Pfalz für den Kurfürsten erhoben werden, darf Pfalzgraf Johann im Lande nicht hindern; er muß sie im Gegentheil unterstützen.

12) Die Baufälle an allen Schlößern des Landes hat Johann zu tragen.

13) Die Benützung des kurfürstlichen Archivs zu Amberg steht ihm frei, so oft er daraus Urkunden bedarf; doch sollen dieselben nach gemachtem Gebrauche dem Landschreiber zur geeigneten Hinterlegung wieder eingehändigt werden.

14) Schuldforderungen an die Kurpfalz oder den dazu gehörigen Theil von Bayern (welchen dermalen Pfalzgraf Johann innehat) hat dieser an den Rhein hinab, d. h. an den Vormund zu weisen, welcher darüber nach Recht entscheiden soll.

Demjenigen der sich weigert, solches Recht zu suchen und darüber das Land (in der Oberpfalz) angreift, soll Herzog Johann nach bestem Vermögen Widerstand leisten.

15) Was dem eben benannten Fürsten von den kurfürstlichen Gebietstheilen, während er sie im Besitz hat, Kosten und Schaden erwachsen, dafür erhält er keinerlei Ersatz.

16) Werden hingegen Herzog Johann, oder die Seinigen

vom Vormunde an den **Rhein** hinabgefordert, so hat
dies auf Kosten der **Kurpfalz** zu geschehen.

17) Gülten und Zinsen, welche sich von des Landes wegen
an wen immer zu entrichten gebührt, hat Herzog Johann
wie es bisher üblich war, auch forthin auszurichten.

18) Schulden, die er während der Zeit seines Besitzes auf
die kurfürstlichen Gebietstheile macht, gehen ihn ganz
allein an.

19) Geistliche= und andere derlei Lehen soll er im Namen
des Vormunds leihen. Verfallen hingegen weltliche Lehen,
so ist die Sache zur weitern Behandlung hinab an den
Rhein zu verweisen.

20) Sollte Herzog Johann innerhalb der Zeit der Vormund=
schaft Otto's mit Tod abgehen, so überkommt sein Sohn
Christoph*) für die noch übrige Zeit den Besitz und
die Nutznießung der kurfürstlichen Lande in der **Ober=
pfalz** unter den nämlichen Bedingungen; doch muß
Pfalzgraf Christoph ehevor denselben Eid leisten, wie ihn
vormals sein Vater geschworen hat.

21) Stirbt der junge Kurfürst vor Erreichung seines achtzehnten
Lebensjahres, so sollen die Rechte Johann's, eventuell
seines Sohnes Christoph auf das Land in der berührten
Art fortdauern, bis der nächste Kurerbe jenes Alter an=
getreten haben wird. —

Noch am gleichen Tage, an dem Pfalzgraf Otto seinem
Bruder die Uebergabsurkunde ausfertigen ließ, gaben ihm
Herzog Johann und sein Sohn Christoph den Revers, in
welchem sie geloben und schwören, alle Stücke und Artikel
des Vertrags wahr, fest und unverbrüchlich halten und voll=
ziehen zu wollen, mit ihren beiden Siegeln besiegelt entgegen. —

---

*) Christoph ist der jüngste am 26. Februar 1416 geborne Sohn
des Pfalzgrafen Johann. Er wurde später König von Dänemark,
Schweden und Norwegen und starb als solcher am 6. Januar 1448 zu
Helsingborg.

Daß es den beiden Brüdern diesmal völlig ernst war, läßt sich um so weniger bezweifeln, als auf jedweder Seite gewichtige Interessen auf dem Spiele standen. Wir werden es überdies auch noch urkundlich darthun. —

Endlich also konnte Herzog Otto des ihm seit 24 Jahren schon testamentarisch übertragenen Amtes froh werden, froh um den nicht wohlfeilen Preis der zeitweiligen Abtretung eines Theils der seiner künftigen Obhut anvertrauten kur-pfälzischen Lande.*)

Den Streit der ehr- und länderfüchtigen Oheime mußten schlüßlich die Neffen mit ihrem Erbe bezahlen! —

Läßt sich auch annehmen, daß die kurfürstliche Wittwe, daß die kurpfälzischen Räthe und selbst der damals 13jährige Kurfürst**) um so mehr in dieses Arrangement einwilligten, als sich außerdem ein Ende des unerquicklichen Streites gar nicht absehen, sondern im Gegentheile befürchten ließ, daß Kaiser und Reich im Interesse der bestehenden Gesetze sich in den Handel einmischen würden, so war es doch — dies Alles zugegeben — traurig genug, trotz der bereits ge-brachten namhaften Opfer noch nicht alle Prä-tensionen zurückgewiesen zu sehen.

---

*) Die erste Urkunde, welche Otto in seiner Eigenschaft als Vor-mund erließ, ist, von der oben (S. 50 **) erwähnten vom 30. Jan. abgesehen, die gleich unten zu erwähnende vom 3. Juni (1437).

**) Offenbar war Ludwig IV. wenigstens beim Abschluß obenge-dachter Verhandlungen in Amberg persönlich anwesend, was seine da-selbst unterm 3. Juni 1437 dieser Stadt ausgestellte Konfirmation der hinsichtlich des Kurpräcipuums geltenden Bestimmungen und die am gleichen Tage erfolgte Huldigung der Amberger auf's deutlichste beweist. (Original im k. Reichsarchive.) Desselben Tags hatten Ludwig IV. und sein Vormund Otto in besondern Urkunden die bisherigen Freiheiten der Stadt Amberg bestätigt. Fr. Frhr. v. Löwenthal (Amberger-Urkunden-buch S. 46 f.). Es scheint übrigens, daß Ludwig IV. auch die oben erwähnten Huldigungen der Städte Nabburg, Kemnat ic. in Person entgegen genommen, und bei dieser Gelegenheit deren Freiheiten und Privilegien bestätigt habe. Vergl. oben S. 46 †.

Offenbar bezeichnet die Stelle im Schlußvertrage vom 5. Juni, welche vom Pfalzgrafen Stephan und seinen eventuellen Zwistigkeiten mit den Erben Ludwig's III. handelt, zunächst nichts Anderes, als eine etwa von Stephan beabsichtigte Erneuerung seiner alten sponheimischen*) Ansprüche. Aber eben so leicht konnte er, dem Beispiele Johann's folgend, auch seinerseits an den Vormund Otto Forderungen stellen, die ihm, als zweitnächst berechtigten Agnaten statt leerer Ehrentitel **) reele Vortheile in Aussicht stellten.

In Wirklichkeit erhob Herzog Stephan auch solche Forderungen, während seine Brüder Johann und Otto noch mit Beilegung ihrer langjährigen Zwistigkeiten zu thun hatten. Vorerst suchte indeß Herzog Otto in seiner Eigenschaft als pfälzischer Vormund mit Herzog Johann völlig ins Reine zu kommen, denn es bestanden noch aus des seeligen Kurfürsten Zeiten eine Menge kleinerer Streitpunkte, deren gütliche Beilegung sich am Ort ihres Entstehens rascher bethätigen ließ.

Schon einen Tag nach dem Hauptvertrage, am 6. Juni hatten beide Brüder auch diese Sache bereits friedlich ausgeglichen. Es waren fast lauter andere Gegenstände als diejenigen, welche vor etwa fünf Jahren dem Ritter Heinrich Nothaft von Wernberg zur Entscheidung vorgelegen, ***) nämlich der Wildbann im Diebsteig und in andern Hölzern

---

*) Man vergl. über den Sponheimer-Erbstreit Dr. L. Häußer (Geschichte der Rhein-Pfalz I S. 326 ff.) und J. G. Lehmann (Geschichte des Herzogthums Zweibrücken S. 12 ff.) In diesem Streite war am 1. April 1417 zu Worms ein Schiedsspruch ergangen, welcher zu Gunsten des Kurfürsten Ludwig gelautet hatte. Herzog Stephan erhielt von der gehofften Erbschaft nichts, weßhalb er mit dem Hofe zu Heidelberg meist in großer Spannung lebte und bei jeder Gelegenheit die Sponheim-Frage neuerdings wieder anregte. Lehmann S. 20 ff.

**) Wir meinen die dem Pfalzgrafen durch die Testamente seines kurfürstlichen Bruders von 1426 und 1436 verliehenen Chargen als Vormundschaftsrath, Miterwähler eines neuen Vormundes ꝛc.

***) Vergl. oben S. 31.

des Amtes Rieben, das Dorf Bamssenborff, das Holz
genannt „Tannach by der Heinspurt," der Zoll zu Suw=
gast, das Dorf Helmesperg, das Dorf Steckelsperg,
der Kirchtag zu Wissemberg und endlich Uebergriffe der
Sulzbacher in Geleitssachen und wegen des zu Whßem=
burg sich angemaßten Bergwerkes u. s. w. *)

Eine Woche später gelang es Herzog Otto, dem an
der Herstellung der Ruhe in den oberpfälzischen Landen be=
greiflicher Weise sehr viel gelegen sein mußte, auch den Zwist
seines Bruders Johann mit dem kurz ehevor erwähnten
Ritter Heinrich Nothaft in Güte und Freundschaft zu ver=
mitteln.

Hauptstreitpunkte zwischen Beiden waren: der Zug Not=
hafts vor das Schloß Ramsperg, die Lösung des Schloßes
Behlstein, die Gefangenen, welche Nothaft nach der Nieder=
lage der Hussiten bei Cham **) für sich behalten; ein Gut, das
der Dechant zu Cham hinterlassen; ein Giltbuch von Cham,
welches während Nothaft die Stadt innehatte, verloren ge=
gangen war; von Nothaft als Amtmann zu Sulzbach und
sonst in herzoglichen Diensten zu viel eingenommene Besoldung
u. s. w.

Herzogs Otto Entscheidung vom 13. Juni 1437 lautete
dahin: die gegenseitigen Ansprüche sollen ab sein, dafür aber
Nothaft dem Pfalzgrafen Johann die nächsten zwei Jahre
„selbzwanzigst gewappnet und mit zwanzig Pferden" gewärtig
sein. ***)

Erst nachdem Herzog Otto dies Alles in Ordnung ge=
bracht hatte, kehrte er von Amberg an den Rhein zurück, um

---

*) Vergl. die sub nro. XVII abgedruckte beim Reichsarchive vor=
handene Original-Urkunde vom 6. Juni 1437.

**) Um Michaeli 1428. Vergl. J. Lukas, Geschichte der Stadt
und Pfarrei Cham S. 91 f.

***) Abdruck eines Regestes des beim Reichsarchiv vorhandenen
Originals folgt im Anhange sub nro. XVIII.

die Ansprüche seines Bruders Stephan zu untersuchen und
wo möglich auch mit Diesem zu Frieden und Eintracht zu
gelangen. Worin dieselben bestanden, darüber giebt uns nur
Heintz und noch dazu ziemlich unsichere Aufschlüsse. Er
meint, Herzog Stephan habe noch immer eine für sich günstigere Wendung der Sponheimer-Erbsache *) ertrotzen wollen
und hiezu den jetzigen Zeitpunkt für geeignet gehalten. **)

Freilich hatte des Bruders Johann Beispiel, wenn er
schon der nächst berechtigte Agnat war, für Herzog Stephan
doch zu viel Verlockendes, um nicht auch ihn zur Nacheiferung
anzuspornen und so gleichfalls ein Stück Vortheil auf Kosten
seiner minderjährigen Neffen für sich zu gewinnen.

Daß ihm dieses in viel minderm Grade gelang, als dem
Pfalzgrafen Johann, daß sich Herzog Stephan schlüßlich nur
mit sehr bescheidenen Verwilligungen begnügen mußte,
dafür dürfen wir den Grund weniger in seiner Bescheidenheit
oder in seinem an und für sich geringern Rechte als in den
mittlerweile bedeutend veränderten Zeitverhält-
nissen suchen.

Seit dem Kur-Administrator Otto und dessen Mündel
Ludwig IV. von ihren Gebietstheilen in der Oberpfalz
nichts mehr, als der leere Titel der Oberherrlichkeit geblieben,
dafür aber im Pfalzgrafen Johann hinsichtlich dieser Lande
ein ebenso emsiger Hüter wie geschickter Verwalter erstanden
war, konnten die Kräfte der Rheinpfalz enger und fester
zusammengehalten werden.

Dies machte es dem Herzog Stephan mindestens nicht
leichter, mit seiner im Verhältnisse viel schwächern Macht
erfolgreich gegen den Kurstaat aufzutreten.

Seinen Bündnissen z. B. mit Baden und Veldenz
konnte Herzog Otto eben so viel andere und noch bedeuten-

---

*) Vergl. oben S. 57 *.
**) Heintz S. 169 ff.

dere, wie z. B. mit Würtemberg und Mainz entgegen-
stellen; seinen Rechtsausführungen aber den klaren Wortlaut
des oben gedachten Wormser-Schiedsspruches vom 1. April
1417 *) Auch ein Konflikt mit Kaiser und Reich war, seit
Sigmund die Vormundschafts-Uebertragung an Herzog Otto
förmlich anerkannt hatte, **) nicht mehr zu besorgen. Den
Bestimmungen der goldenen Bulle endlich war durch Herzogs
Johann Verzicht im gleichen Grade, wie den wittelsbachischen Haus-Gesetzen Genüge gethan.

Also die Umstände hatten sich seit Kurzem so geändert,
daß ein erneuerter Versuch Herzogs Stephan, an den dermalen bestehenden vormundschaftlichen und territorialen Ver-
hältnissen rütteln oder gar für sich daraus weitere Privat-
vortheile ziehen zu wollen, voraussichtlich nicht blos ohne
Erfolg bleiben, sondern in's Gegentheil sich nothwendig ver-
kehren mußte. Deshalb spielte Herzog Stephan den Klugen
und gab bescheiden nach.

Am 23. November 1440 wurden zu Heidelberg drei
Urkunden gefertigt, durch welche der langjährige Sponheimer-
Erbfolgestreit völlig beigelegt wurde. In der Hauptsache überließ Stephan seinen kurfürstlichen Neffen das streitige Fünftel
der Grafschaft Sponheim und versprach noch überdieß, beim
Bischof von Speier, dessen Vorgänger ihn früher mit Kreuz-
nach u. s. w. belehnt hatte, dahin zu wirken, daß derselbe
hiezu seinen Willen gebe.

Die Zugeständnisse, welche dafür dem Herzog Stephan
gemacht wurden, sind ziemlich winzig,***) und es ist für Otto's
Vormundschafts-Politik sehr charakteristisch, daß er seinem
Bruder weitere solche Concessionen, um selbst noch beim Ausgang des hartnäckigen Erbstreites das kurfürstliche Recht

---

*) Vergl. oben S. 57 *.
**) Vergl. oben S. 50 *.
***) Lehmann (a. a. O. S. 56 f.)

glänzend zu wahren, erst in einer zweiten Urkunde vom übrigens gleichen Tage machte. *)

Wenn, wie Heinz sagt, **) Pfalzgraf Otto seinem Bruder Stephan, als er ihn Ende Mai 1437 zu Meisenheim besucht und zur Versöhnung gestimmt hatte, das Versprechen gegeben, ihm und seinen Söhnen bei vorkommender Gelegenheit die freundschaftliche Gesinnung des Kurhauses zu beweisen, und wenn dies Otto später insofern bethätigte, als er 1440 „trotz einer Menge von Schwierigkeiten" dem zweitgebornen Sohne Stephan's auf den erledigten Straßburger-Bischofssitz verhalf, so lag für den Kurabministrator hierin keineswegs die Erfüllung einer mit der Vormundschaftsfrage zusammenhängenden Obligation, aber nach Heinz schien hieburch doch die Scheidewand gehoben, welche Herzog Stephan bisher vom Kurhause entfernt gehalten hatte.

Hiegegen haben wir nichts zu erinnern. Gewiß ist aber, daß erst jetzt, also nach 27 Jahren die vom Kurfürsten Ludwig III. in verschiedenen Testamenten angeordnete Vormundschaft zur unbestrittenen und ungestörten Giltigkeit kam.

Die Opfer, welche Herzog Otto als Vormund und Kur-Administrator hatte bringen müssen, sind, soweit wir sie im Verlaufe dieser Abhandlung kennen gelernt, nicht unbedeutend, doch für die Kurpfalz und deren rechtmässigen Erben (Ludwig IV.) darum minder schmerzlich gewesen, weil sie nur für eine bestimmte Zeit und am Ende doch nur zum Besten von Fürsten gebracht werden mußten, welche eines Stammes mit Jenen waren, die sich selbe unverschuldeter Weise auferlegt sahen.

---

*) Ein Turnose auf dem Zoll zu Bacharach, um 5000 fl. wiederlöslich. Die Eingangsworte der betr. Urkunde — vom 23. Novbr. — „Wir Stephan vnd wir Ott ꝛc. des pfalzgrauen Ludwig's ꝛc. furmunber ꝛc." beseitigen jeden Zweifel, daß es sich bei diesem Ausgleich beider Brüder weder um die Vormundschaft, noch um die Kur-Administration gehandelt.

**) A. a. O. S. 169 ff.

Am 1. Januar 1442 hatte der junge Kurfürst der Pfalz
sein achtzehntes Lebensjahr vollendet. *) An diesem Tage
sollten vertragsmässig die oberpfälzischen Präcipual-Gebiete
aus den Händen Herzogs Johann wieder unter die selbst-
ständige Regierung des jungen Kurfürsten zurückkehren. Ob
es wirklich geschehen, erscheint uns nichts weniger als zweifel-
haft, aber die Frage direkt zu beantworten, sind wir beim
Mangel von hieher bezüglichen Urkunden dennoch außer
Standes. Versuchen wir es also auf indirektem Wege
und zwar auf jenem untrüglicher Urkunden, die hieher passen.

Am 8. Januar 1442 weilt Pfalzgraf Johann in Amberg
und ernennt Heinrich den Aeltern Burggrafen zu Meissen
und Herrn zu Plauen zu seinem Amtmann in Bernau
und zum Hauptmann vor dem Böhmer-Wald, dann zum
Schirmherrn von Bernau, Wildenau, Störnstein,
Neustadt, Weiden, Parkstein, Floß, Pleistein,
Treswitz und Tennesberg auf die nächsten drei Jahre. **)

Das deutet auf eine Aenderung in der Adminiſtration
der dem Pfalzgrafen gehörigen oberpfälzischen Gebietstheile hin.

Unterm 29. Juli 1442 beſtätigte Kaiser Friedrich III.
dem Kurfürſten Ludwig IV. und deſſen Bruder Friedrich
alle früher von deutſchen Kaiſern und Königen der Kurpfalz
ertheilten Privilegien. ***)

Das deutet auf des oben genannten jungen Pfalzgrafen
Friedrich †) frühe politiſche Reife hin.

---

*) Im Jahre 1441 finden wir Otto noch urkundlich als Vormund,
aber ohne Angabe des Tages. Index diplom. Archivi Heidelberg. im
Reichsarchiv Tom. I 234 (auch auf der Münchner-Hof- und Staats-
Bibliothek zu haben).

**) Original im Reichsarchiv.

***) Arrodenll Archiv-Beschreibung im Reichs-Archiv.

†) Friedrich, geboren am 1. August 1425, zählte damals freilich erst
17 Jahre. — Vergl. oben S. 26 *** und Dr. L. Häußer (a. a. O. I
330 f.) dann die Chronik Friedrich I. von Matthias von Kemnat in
Bd. II Abth. I der Quellen und Erörterungen S. 15 f.

Am 14. August gl. Js. schloßen Herzog Johann und
unser junger Pfalzgraf Friedrich — der Ort ist leider in der
Urkunde nicht genannt, lag aber wohl in der Oberpfalz —
Letzterer Namens seines kurfürstlichen Bruders einen Münz-
Vertrag ab, laut dessen in den nächsten 3 Jahren die verein-
barten Münzen in Amberg geschlagen werden sollten. *)

Das deutet darauf hin, daß, alter Haus-Sitte gemäß, **)
der junge Pfalzgraf Friedrich im kurfürstlichen Präcipual-
Lande der Oberpfalz jüngst erst zum Statthalter ernannt
worden war.

In einem Nachtrag zu seinem Testamente vom 28. August
1426 hatte Kurfürst Ludwig III. ausdrücklich angeordnet, daß
die Vicedomstelle in Amberg, dann die Landvogtei im Elsaß
von seinem ältesten Sohne vor Andern dessen jüngern Brüdern
übertragen werden sollen. ***) Da der junge Pfalzgraf
Friedrich am 6. Oktober 1443 dem Wunsche seines kurfürstlichen Bruders zufolge auf die im väterlichen Testamente vom
28. August 1426 ihm zugewiesenen Gebietstheile vorläufig
auf 8 Jahre Verzicht leistete †) und dafür vom kurfürstlichen
Hofe entsprechende Verpflegung erhielt, so scheint in der
oberpfälzischen Statthalter-Angelegenheit um diese Zeit eine
neue Wendung eingetreten zu sein.

Wirklich erschien Ludwig IV. in der zweiten Hälfte des
Monats Oktober persönlich in seinem oberpfälzischen Erblande.

Am 21. dieses Monats bekundete er, daß er als ein
Fürst und Lehensherr des Landes die vom Pfarrer
und der Gemeinde zu Kemnat dortselbst gemachte Meß-

---

*) Original im Reichsarchiv.
**) Vergl. oben S. 4.
***) Original im k. geh. Staatsarchiv.
†) Beilage 24 zum zweiten Theile der Rechtl. Ausführung der
Pfalz-Birkenfeld. bevorstehenden Succession In dem Herzogthum Zwey-
brücken ꝛc. 1729 S. 48. Vergl Dr. K. Menzel Regesten zur Geschichte
Friedrich's I. Bd. II. Abth. II S. 213 der Quellen und Erörterungen.

Stiftung beſtätigt habe,*) und ſagte am 23. gleichen Monats dem Bamberger=Biſchofe die Wiederlöſung der ihm vom Ritter Heymeran von Rothaft zu Wernberg verkauften Pfandſchaft und Gerechtigkeit zu Bilsek zu.**)

Deutet dies Alles nicht auf's Unzweideutigſte an, daß Ludwig IV. mit erreichter Volljährigkeit ſofort die Regierung auch im Kur=Antheile der, Oberpfalz ſelbſtſtändig angetreten habe?

Unterſtützt wird dieſe Annahme noch überdies dadurch, daß Herzog Johann ſich ſeit dem März 1442 urkundlich meiſt nur mehr in Neumarkt treffen läßt.

Am 13. März des darauffolgenden Jahres ſegnete der Herzog nach einem ſehr bewegten politiſchen Leben das Zeitliche im Benediktiner=Kloſter zu Kaſtl.

Wir haben in den vorausgehenden Blättern Johann als einen ebenſo ehrgeizigen wie thatkräftigen Fürſten kennen gelernt, der für ſeine Zeit als ſehr bedeutend erſcheint und wohl längſt ſchon verdient hätte, daß man ihm ein eigenes biographiſches Denkmal ſetzte.

Er vererbte ſeine oberpfälziſchen Lande auf ſeinen einzigen Sohn Chriſtoph, König von Dänemark, Schweden und Norwegen. Deſſen Statthalter darin waren Ritter Hans von Parsperg und Ritter Martin von Wildenſtein, hiezu beſtellt zu „Koppenhaben am ſonntag nach d. h. creutztag als es funden iſt" (5. Mai) 1443.

König Chriſtoph ließ ſich in der Urkunde vernehmen „vnd nachdem als wir ſelbſt bey demſelben lannde zu Baiern nit geſehn vnd das regirn vnd aufrichten mögen, als wir gern täten."

Die beiden Verweſer ſollten das Land von ſeinetwegen innehaben, mit Amtleuten beſetzen und entſetzen, Gelübde und

---

*) Original im Reichsarchich.
**) Original im Reichsarchiv.

Elbe entgegennehmen, Rechnungen abhören und überhaupt in allen Sachen thun, als ob er selbst gegenwärtig wäre.

Er befahl allen Prälaten, Rittern, Knechten, Bürgermeistern, Bürgern ꝛc. den Landesverwesern gewärtig, unterthänig und behilflich zu sein. Hans von Parsperg sollte einen Schreiber bei sich haben und alle Lehen in des Königs Namen leihen und Martin vom Wildenstein eventuell seine Stelle vertreten.*)

Letzterem als k. Statthalter in der Oberpfalz begegnen wir zuerst in einer Urkunde vom 22. Mai gl. Js. In eben dieser Urkunde erscheint der junge Pfalzgraf Friedrich als in der Oberpfalz begütert, denn der zweite oberpfälzische Statthalter Königs Christoph und der Landrichter von Lengfeld, Jorg Muracher sprechen im Streite der beiden Paulstorfer zu Kürn wegen des Pfalzgrafen Friedrich Armleuten zu Stulen,**) daß diesem Erstere wegen der den gedachten Armleuten zugefügten Beschädigung zu Ehren und Rechten sein sollen.***)

Unterm 3. Juli kommt neben Martin vom Wildenstein als Statthalter Königs Christoph auch Hans von Parsspergk urkundlich vor;†) Martin zugleich als Landrichter von Sulzbach; aber König Christoph, dem diese Landesverwesung nicht taugen mochte, besann sich endlich eines Bessern und ernannte am Dienstag nach St. Gallentag des Jahres 1447 (17. Oktober) „zur heiligen Habe" seinen Oheim Herzog Otto zum Vicedom über seine Lande und Leute zu Bayern auf die nächstfolgenden drei Jahre von St. Martin an.

---

*) Original im Reichsarchiv.

**) Das jetzige Kirchdorf Stulln Bezirksamts Nabburg.

***) Auch diese und die sonst erwähnten Urkunden sind im Reichsarchiv zu treffen. Am 23. Oktober 1443 kam die Sache zur gerichtlichen Verhandlung. Walther von Hürnheim kurfürstl. Vicedom in Amberg, welcher den Pfalzgrafen Friedrich vertrat, wurde angewiesen, seinen Beweis besser zu begründen.

†) Dr. L. Häußer (a. a. O. I 824 f.).

Die Bedingungen dieser Bestallung für Herzog Otto
sind so ziemlich die nämlichen, welche im Jahre 1437 zwischen
Otto und Königs Christoph Vater Herzog Johann vereinbart
worden waren. *) Herzog Otto sollte alle Einnahmen, Nutzun-
gen und Gilten der Lande beziehen, dafür aber dieselben auf
seine Kosten regieren. 2000 fl. sind jährlich an König Christoph
hinauszuzahlen. Der Balczberg soll bei der Herrlichkeit
Sulzbach, wohin er von Alters gehört, erhalten werden **)
und hat Herzog Otto nach Ablauf der drei Jahre die Lande
wieder in die Hände der hiezu vom König Bezeichneten zu
übergeben. ***)

Es ist bekannt, daß König Christoph bereits am 6. Jan.
1448 zu Helfingborg starb und seine oberpfälzischen
Lande an seine beiden Oheime Stephan und Otto erb-
weise übergiengen, dann daß Stephan am 6. Juni 1448
seinen Antheil an Königs Christoph oberpfälzischen Landen
dem Herzog Otto für 96000 fl. verkaufte.

So glatt aber, wie Johannis, Heinz und Häußer ic.
zu verstehen geben, ist's in dieser Erbschaftssache doch nicht
hergegangen. Eine Urkunde vom Jahre 1448 (die Angabe
des Tages fehlt leider, aber sie kann nicht über den 6. — 25.
Juni d. Js. hinausfallen) giebt hierüber ganz interessante
Streiflichter.

Kurfürst Ludwig IV. beanspruchte die Erblande mit Aus-
schluß seiner beiden Oheime für sich allein und erließ
sofort an die oberpfälzische Landschaft (nicht kurfürstlichen
Antheiles) die Aufforderung, ihm mit Gelübde und Eid zu
huldigen. Hierauf antwortete ihm die Landschaft, daß gleich
nach Königs Christoph ihres gnädigsten Herrn Tod die Herzoge
Stephan und Otto als desselben nächstgeborne Erben in

---

*) Vergl. oben S. 52 ff.
**) Vergl. oben S. 38 f.
***) Oberpfälz. Copialbuch im Reichsarchiv.

ihrem Lande zusammen gekommen wären,*) um behufs Regelung der Hinterlassenschaft Christoph's das Diensame vorzulehren.

Einer Aufforderung, den vom Pfalzgrafen Friedrich in seinem und seines kurfürstl. Bruders Namen nach Nürnberg vorgeschlagenen Tag zu besuchen, wo Friedrich vor dem Markgrafen (Albrecht) von Brandenburg als einem Schiedsrichter in der Sache ein Drittel der lediggewordenen Lande forderte, sei ein Theil der Landschaft nachgekommen.**)

Wir kennen den fernern Gang der Verhandlungen nicht. Thatsache ist, daß, wie schon bemerkt, Herzog Stephan bereits am 6. Juni 1448 seinen Länder-Antheil an seinen Bruder Otto verkaufte.

Sonach schiene Ludwig IV. von weiterer Geltendmachung seiner Erbansprüche zurückgetreten zu sein und wären Königs Christoph Lande in der Oberpfalz ohne Weiteres, wie Heintz sagt, „nach der damals im pfälzischen Haus noch geltenden Gradualsuccession"***) seinen beiden Oheimen zugefallen.

Dem war nicht so, denn als Herzog Stephan am 6. Juni seinen Antheil an Herzog Otto für die Summe von 96000 rhein. Gulden verkaufte, wovon 40000 fl. in mehreren Fristen baar zu entrichten kamen, für den Rest aber von Otto's rheinpfälzischen Gebietstheilen die Burg und Stadt Wißloch, Wellersau und Stralenberg†) die Schlößer, Schrießheim Stadt und Vorstadt, Schloß und Dorf Heinßbach, dann dessen Zollantheile zu Kaub und Bacherach verpfändet wurden,††)

---

*) Otto war sicher seit Oktober 1447 aus seiner Statthalterei nicht mehr fortgekommen.

**) Beilage D der abgenöthigten und geschichtsmäßigen gründlichen Untersuchung einer s. g. Rupertinischen Konstitution 1727. S. 75 f.

***) A. a. O. S. 186.

†) Da beide Schlößer vom Stift zu Speier, dann vom Abt zu Ellwangen zu Lehen giengen, versprach Otto, deren Einwilligung zum Versatz zu erwirken.

††) Heintz a. a. O. S. 187 scheidet den Werth der einzelnen Pfandobjekte genau aus.

ließ Otto in die Kaufsverhandlungen folgende Bedingungen aufnehmen:

1) Da der Pfalzgraf, (d. h. der Kurfürst) Ludwig (IV.) und sein Bruder Herzog Friedrich meinen, des Landes Miterben zu sein, so verpflichtet sich Herzog Stephan „ob sie ihr Zuspruch mit Recht erlangten" am Kaufschilling verhältnißmäßigen Abzug zu gestatten.

2) Herzog Stephan muß nach Uebergabe bez. Uebernahme des Kaufbriefes und der Schuldurkunde seinem Bruder eine schriftliche Aufforderung behändigen, zufolge welcher die Prälaten, Ritter, Städte und Landschaft zu Bayern in Zukunft blos mehr dem Herzog Otto gehorsam und gewärtig sein sollen; desgleichen

3) einen Befehl an die Domherren zu Regensburg, daß ihnen von König Christoph anvertraute Archiv der oberpfälzischen Lande dem Herzog Otto zu überantworten. *)

Drei Wochen später, am 25. Juni bestätigte Herzog Stephan von Wachenheim aus obigen Erbkauf, bekennt mit Schlößern, Städten, Gülten, Bürgschaften und Verschreibungen bezahlt zu sein, verzichtet auf seine oberpfälzischen Erblande und verspricht mit seinen beiden Söhnen Friedrich und Ludwig dem Bruder und Onkel Otto Gewährschaft zu leisten. Am Schluße verweisen sie ihre bisherigen Erb-Unterthanen in der Oberpfalz an Herzog Otto als neuen und alleinigen Landesherrn und sagen jene von ihrem Eide und allem Pflichtverhältniß völlig los und ledig. **)

Aus der oben ***) allegirten ꝛc. Untersuchung lernen wir noch einige Urkunden kennen, durch welche dieses stattliche Kaufgeschäft zum Abschluß gebracht wurde.

---

*) Gründl. Gegen-Ableitung Der in der Veldenzischen Successions-Sach Auff das Churfstl. Pfälzische an Pfalz-Sulzbach-Abgelassene Schreiben ꝛc. 1727. Beilage XXVI S. 57 ff.

**) Beilage E S. 76 ff. der oben S. 67 **) erwähnten Untersuchung.

***) S. 67 **

Unterm 16. August 1448 fertigte Herzog Otto zu Weserau für seinen Bruder Stephan eine Urkunde, worin er demselben übergab verschrieb und zustellte 1110 fl. jährl. Gülten aus der Pfalz und aus den Zöllen zu Bacherach und Raub „von des kauffß und landtß wegen zu Behrn" das ihm zu seinem Theil von König Christoph anerstorben ist und er (Otto) käuflich an sich gebracht hat, dann diese Gültverschreibungen selbst mit Allem, was noch an Schriftstücken dazu gehörte.

Zugleich bekennt Otto, daß er hievon zur Wissenschaft und Darnachachtung seinen Vetter den Kurfürsten, die Zoll= schreiber, dann die Bürgermeister ꝛc. der ihm für die Zoll= gefälle verschriebenen Orte verständigt und daß ihm Herzog Stephan für 22200 fl. den Wiederkauf bewilligt habe. *)

Wohl am gleichen Tage beweist und verschreibt Herzog Otto seinem Bruder Stephan „von beß landts vnd kauffs wegen zu Baheren" weitere 200 fl. auf den schon genannten Zöllen, welche ihm vormals von dazu berufenen Schiedsrichtern in einem Streit mit seinem Bruder Ludwig III. zugesprochen worden waren. Auch hier behielt sich Herzog Otto das Wiederlösungsrecht mit 4000 fl. Rh. vor und setzte seinem Bruder Stephan zu größerer Sicherheit vier Bürgen. **)

Am 17. August (1448) folgte die urkundliche Versicherung Herzogs Stephan und seiner zwei schon erwähnten Söhne, daß sie ihrem Bruder und Oheim Otto mit der Wiederlösung der 1110 fl. jährl. Gülten aus den Zöllen zu Bacherach und

---

*) Gründliche Untersuchung einer f. g. Rupertinischen Konstitution Beilage S S. 96 f.

**) Eben genannte Untersuchung Beilage T S. 97 ff. Vergl. Lehmann Geschichte des Herzogthums Zweibrücken S. 76. Daß auch die dem Herzog Stephan für einen Theil des Kaufschillings verpfändeten Orte dortmals ihm wirklich eingeräumt wurden, leidet keinen Zweifel. In den Urkunden-Beilagen S und T kommt hievon allerdings nichts vor. Vergl. jedoch die Errata et Emendanda zur gründlichen ꝛc. Untersuchung.

Raub stets gehorsam und gewärtig sein wollen.*) Den Ansprüchen, welche die Kurpfalz auf Königs Christoph oberpfälzische Lande erhob, galt noch eine weitere Urkunde der Brüder Stephan (mit seinen zwei ältesten Söhnen) und Otto vom 1. September 1448, worin sie übereinkamen, gegen diese Ansprüche, ob sie auf den ganzen Erbfall oder einen Theil davon giengen, einander die nächsten 10 Jahr behülflich zu sein.

Gewänne die Kurpfalz im Rechtswege das ganze Land, so wird der Erblauf in allen seinen Theilen wieder rückgängig und also der frühere Zustand herbeigeführt. Falls aber der Kurfürst nur ein Drittel des Landes erringen sollte, mindert sich darum der Kaufschilling im gleichen Verhältniße. Dies gilt auch von sonst jedem geringern oder größern Theile, der an die Kur fällt.

Wenn die Ansprüche der letztern innerhalb der nächsten 10 Jahre nicht bereinigt sein sollten, so dauert die gegenseitige Unterstützung der Brüder Stephan und Otto fort, bis die Erbschaft-Angelegenheit definitiv geordnet sein**) wird.

Mit diesem Vertrage schließt sich für uns die Reihe der auf den 1448 bethätigten Verkauf eines Theiles der Oberpfalz bezüglichen Urkunden. Es schließt damit zugleich unsere Monographie über diese uralte bayerische Provinz, deren Geschichte für die Zeit von 1404 bis 1448, also für beinahe ein halbes Jahrhundert mit gegenwärtigen Zeilen manche nicht unwillkommene Bereicherung erfahren haben dürfte.

Möge der mit redlichem Willen in den vaterländischen Boden gestreute Samen provinziell-geschichtlicher Forschung zum Heile der Oberpfalz, zum Heile Bayerns unseres heißgeliebten Vaterlandes überall gute Früchte tragen!

---

*) Gründliche Untersuchung 2c. Beilage U S.
**) Gründliche Gegenableitung 2c. Beilage XXVII S. 60 ff.

Anhang.

Achtzehn noch ungedruckte Urkunden und beziehungsweise Regeſten.

Nro. 1 — XVIII incl.

I.
1410, April 28.

Pfalzgraf Johann bestätigt, erneuert und confirmirt der Geistlichkeit
in seinen Landen, namentlich in dem Kapitel zu Sulzbach alle von
seinen Vorfahren herstammenden Freiheiten und Gnaden, insbesondere bezüglich letztwilliger Verfügungen.

Wir Johans von gots gnaden pfaltzgrave bei Rhein
und hertzog in Beiern bekennen und thun kund offenlich mit disem brief für uns und unser erben und nachkomen allen den, die in sehent oder hörent lesen, das
wir dem allmechtigen gotte zu lobe, pfefflicher wirdikeit
zu ehrn, zu beschirmunge und beheltnusse und allermeist
umb dess willen, das sie dem allmechtigen gotte unserm
schoffer [schopfer] in geistlicher ordnung und wirdikeit
und in irem wesen deste geruwiclicher und andechtig-
licher gedienen, sinen lob vollebringen und auch fur uns,
unser altfordern und nachkommen selen deste flissiclicher
und williclicher gebitten mögen und auch sollen, und
haben darumb allen und iglichen pastorn pfarrern vicariern
und priestern, die in unserm lande und herrschafft und
mit namen in daz capitel und libertete*) gein Sultzbach
gehören, das priester sind, alle und jegliche ire freiheit
und gnade, die sie von unsern altfordern und furfaren
seliger gedechtnisse erworben haben, von besundern unsern
gnaden bestetigt, verneuert und confirmiret, bestetigen
verneuern und confirmiren in die wissentlich in crafft difs

---

*) Libertas i. e. districtus loci allicujus, intra quem incolae
libertate, privilegio ac jure civitatis gaudent. Jo. Christ. Adelung,
Glossarium manuale ad Scriptt. Med. et Inf. Latinitatis IV 398.

briefs, also daz sie und ire nachkomen alle und ir iglicher besunder an allen iren guettern liegende und varende von uns unsern erben unsern nachkumen und ambtleut unbeschwert ungehindert und one alle ungewonliche und nicht herkomene vogteien und scharwerken, wie die genant sind, verliben sollend one geverde. und sie und egenant ire nachkomen alle und ir iglicher besunder mögent auch dieselbe ire habe und gut, wie die genant sind, ligende oder varende und die sie nach irem tod lassent, bei irn lebtagen schaffen setzen ordinieren und geben iren schuldnern iren erben oder wem sie wöllent, und ine das allerfüglichste ist nach irem willen. und dieselben ire verschaffte gut und habe sollent auch erben an alle die ende und stete, dahin sie dann gesetzt und geschafft haben ungehindert von uns unsern erben und nachkomen unsern ambtlüten und einem iglichen in deheine weis ungeverde, doch mit beheltnus uns unsern erben und nachkomen und einem jeglichen, das solche gut und habe derselben priester allezeit, wenn sie die verschaffent, setzent oder gebent und an was stete die nach irem tode erbent, zinse gülte pete und stenr geben und dienen sollent an alle die ende und in aller der massen, als bisdann geschehen ist und vor gethan hand ane alle geverde. dartzu so sollen und wöllen wir und unsere erben und nachkumen die obgenannt priesterschafft ire hab und alle die iron, wo sie die hant, bei recht behalten gen allermeniglich getreulich ane alles geverde und nicht gestatten, als ferre wir mögen, das sie jemand verunrechte leidige beschwere noch beschedige in deheine wise. und umb der egenanten gnade und freiheit willen so sollent die egenant pfaffheit und ir nachkomen ewiclichen eins iglichen jars auf den montag nach dem sontag als man singet in der heiligen kirchen quasimodo geniti zu vesperzeit in die ehegenant unser stat Sultz-

bach kumen und sollent alsdann daselbst gotte zu lobe
und zu ehrn ein lange vigilie und darnach des morgens
an dem eritag sellmesse umb unser und der egenanten
unser altvordern und nachkumen scelenheils willen singen
und der getrulich und mit andacht gedencken, und auch
der egenanten priester ir iglicher desselben tags messe
lesen. und wer es, daz der egenanten priester deheiner
daran sümig wurde und zu den egenanten jarzeiten nicht
keme und dabei were, noch einen andern erbarn priester
an sein stat schickte, oder aber von dem dechant daselbs
urlaub hette, derselben iglicher, welcher also sümig
wurde, soll zu einer iglichen zeit zu pen verfallen sin
und dem dechant desselben capitls betzalen ein halb
pfund phening der obgenanten unser stat werunge.
und wir gebietten herumb allen und iglichen unsern
ambtleuten und den unsern die itzund sind oder hernach
werdend sambt und besunder, das sie die egenant pfaffheit bei disen unsern und unser altvordern und furfarn
gnaden und freiheiten ungehindert bliben lassen, noch
in die ietz oder hernach vberfaren, sondern sie getrulich
von unsern wegen dabei behalten als lieb in unser hulde
sy. und des zu orkund und steter uestikeit geben wir
in und irn nachkumen für uns unser erben und nachkomen diesen brief versiegelten mit unserm anhangenden
ingesigel, der geben ist zu Amberg am montag vor sant
Walburgen tag in dem jare alß man zallte nach Christi
gburte vierzehenhundert vnd in dem zehenden jare.

(Aus dem f. g. Neuburger-Copialbuche Nro. 142 im k. b. Reichsarchive.)

II.
1411, September 26.

Kurfürst Ludwig III. einigt sich mit seinem Bruder Johann über verschiedene zwischen ihnen wegen ihrer oberpfälzischen Gebietstheile entstandene Streitpunkte.

Wir Ludwig von gots gnaden pfaltzgrave by Rine des heiligen Romischen richs ertztruchsefs und hertzog in Beyern und wir Johans auch von gots gnaden pfaltzgrave by Rine und hertzog in Beyern gebrüdere bekennen und tün künt offenbar mit disem briefe allen den, die yn sehent oder horent lesen: als die syeben die unser lieber herre und vatter felige her Ruprebt Romifcher künig darzu geben hat, ein ordenunge zwuschen uns und unsern lieben brüdern nach desselben unsers lieben herren und vatters seligen bevelhnifs gemacht hant, darynne wir zwene in etlichen artickeln, als die dann hernach geschrieben sten, in dem lande zu Beyern yrre gegen einander gewest sin, haben wir uns umb dieselben artickele fruntlich miteinander vereynt und sin darumb yberkommen in der mafse, als hernach geschriben stet. zum ersten von der lantschrann zu Amberg und zu Lengefelt wegen sin wir uberkommen, das die sollen bliben und sich alle slofse lute und gütere, in denselben lantschrannen gelegen, verantwurten, als sie dann bisher getan han und von alter herkommen ist. item von der lantschrannen wegen zu Nappurg und zu Nuwenburg, die dann ein lantrichter bifsher besefsen hat, sin wir uberkommen, das wir hertzog Ludwig unser lantschrann sollen haben zu Nappurg und sich alle die slofse lute und gutere, die dann in den gerichten Nappurg und Murach gelegen sin verantwürten sollen. item so sollen wir hertzog Johanns unser lantschrann zu Nuwenburg haben, darynne sollen sich verantwurten der Tennesperg Dreiswitz und alle andere

slofse lüte und gütere, die uns hertzog Johansen zugesprochen und angefallen und ufserhalben den zwein
gerichten Nappurg und Murach gelegen sin. item von
der kirchen und des pfarrers wegen zu Nappurg sin wir
uberkommen, das wir hertzog Johanns unser vogtgülte
daruff haben sollen, mit namen sehs pfunt Regenfpurger
pfenninge, und sollen auch fürbafser zu dem pfarrer nicht
me zu sprechen haben an scharwercken noch andern
sachen. item desglichen sollen wir hertzog Johanns
unser vogtgulte haben uff der kirchen zu Viechtach und
sollen auch dieselben kirchen lihen als von des Tennefs-
pergs wegen, als die dann die Pauelstorffer vor geliehen
haben. und wir sollen sust nicht mer mit scharwercken
oder andern sachen zu dem pfarrer zu sprechen haben.
item umb die zwo kirchen Kempnathen und Schmidgad-
men, in dem gerichte zu Nappurg gelegen, sin wir uberkommen, das wir hertzog Johanns dieselben zwo kirchen
lihen sollen und der vogtherre sin und alle scharwerck
und andere sachen daruff haben, als dann die Pauelstorffer
vor daruff gehabt haben. item von der wyher wegen zu
Nappurg sin wir uberkommen, das wir hertzog Johanns
dieselben wyher haben und uns die zugehoren sollen, die-
wil die uff dem grunde ligen, der gein dem Tennefperg
gehört. item umb die gütere, die in den gerichten Nappurg und Murach gelegen sin und von alter her zum
Tennefperg gehort haben, die sollen auch noch dahin
gehoren und uns hertzog Johannsen bliben; ufgenommen
mit dem gerichte sal iglichs gut gehoren und bliben,
darynne ez dann gelegen ist und ez von alter hin gehört
hat und herkommen ist. item umb die behusunge der
scheffrye zu Sigentaun, dieselbe behusunge wir hertzog
Johanns uff unsers bruders hertzog Ludwigs boden und
grunt geslagen han, sin wir uberkommen, das wir hertzog
Ludwig dem egenant unserm bruder hertzog Johanns

gegonnet han die vorgeschriben behusunge sine lebtage
daruff zu haben und lassen sten, und nach sinem todo
sol der grund und bodem gein Ruden gehoren, als von
alter herkomen ist. item von der Hünfpurg wegen, da
bekennen wir hertzog Johanns, das die mit andern slofsen
zu der Pfaltz verschrieben ist und wir wollen auch die
zu unsers bruder hertzog Ludwigs handen bringen, so
wir erste mogen. were aber, das unser liebe husfrawe
und gemahel frauwe Katherin von Pomern, der dieselbe
veste mit andern slofsen und gütern zu irem wydem
verschrieben ist, von todes wegen abgienge, ee wir die
egenant veste Hünfpurg zu unsers egenanten bruders
hertzog Ludwigs handen bracht hetten, so sal dieselbe
veste nach irem tode von stünden [stund an] und one hin-
dernifs zu des obgenant vnsers bruder handen und gewalt
gefallen. item von der lehenschafft wegen, die gein
Hoenfels gehören, sin wir uberkommen, das wir hertzog
Johanns dieselben lehen lihen sollen, wo die gelegen
sin. item von der lehenschafft wegen Wiltstein. Schon-
stein und Waldaw, die sollen wir hertzog Ludwig lihen.
item von der hundert gulden gelts wegen, die man Erhart
Vorster zum Nuwenhufs sin lebtage jerlich verschrieben
hat zu geben, sin wir uberkommen, das wir die beide
miteinander jerlich ufsrichten und unser iglicher funfzig
gulden jerlich daran geben sollen. item von des closters
wegen zu Castell sin wir uberkommen, das wir hertzog
Ludwig desselben closters vogt und herre sin sollen und
sollen auch dasselbe closter und alle die gutere, die in
unserm lande herschafft und gerichten gelegen sin und
dem egenanten closter zugehoren, von unser Pfaltz wegen
gein Amberg getruweliche versprechen und sie auch daby
verliben lassen, als der brieff ufswiset, der yn unser
lieber herre und vatter selige vor czyten geben hat. so
sollen wir hertzog Johanns alle die gutere und des vor-

genanten closters arme lûte, die zu dem egenanten closter gehoren, getrilichen versprechen, die dann in unserm lande herschafft und gerichten gelegen sin und sollen sie auch daby verliben lassen, als dann der vorgenant brieff ufswiset, den yn unser lieber herre und vatter selige daruber geben hat. und des alles zu orkunde und vestem gezugnifs so haben wir die obgenanten hertzog Ludwig und hertzog Hans unser ingesigele an disen brieff tun hencken, der geben ist zu Heidelberg als man schreib nach Cristi geburte virczehenhundert und eylff jare off den samfstag vor fant Michelstag . .

(Original mit 2 Siegeln im Reichsarchiv.)

III.
1412, März 16.

König Wenzel nimmt in einen mit dem Pfalzgrafen Johann abge-
schlossenen Frieden auch die Städte Amberg, Nabburg etc. auf.

Wir Wentzlaw von gottes gnaden Romischer konig zu allen tzeitten merer des reichs und kunig zu Beheim bekenen und tun kunt offenlich mit disem brieff allen den, die ine sehen oder horen lesen, das wir mit wolbedachtem mute gutem rate und rechter wissen die burgermeister und rete der stete Amberg Nabpurg und der andern stete schlossen und gebieten pflegere und amptlewte, die zu der Pfalltz, in Beiern gelegen, gehoren, in dem fride, als den der hochgebornen Ernst pfalltzgrave bey Rein und hertzog in Beiern unser lieber swager und furste zwischen uns unserm cunigreich und der cron ze Beheim und allen unsern landen und lewten an eyem, uns dem hochgebornem Johannsen phalltzgraven bey Rein und hertzogen in Beiern und

allen seinen landen und lewten an dem andern teil
beredt betaydingt und gemacht hat, genomen und empfangen haben nemen und empfahen sie darein in
crafft ditz brieffs also, das sie desselben friedes geniefsen
und gebrauchen sollen, als das der brieff, den uns
der egenant unser lieber swager und furst hertzog Ernste
uber denselben friede gegeben hat, inhelt und ufsweyfst,
denselben fried auch die genanten stete und schlosse
fur sich ire gebieten pfleger und amptlewt, die zu
der Pfalltz als oben geschryben stett in Beiern gelegen
gehoren zu halden und zu volfuoren versigelt haben unvo-
ruckt und one alles geverde, als er begriffen ist. mit
urkund ditz brieffs versigilt mit unserm ufgedrucktem
ingesigel geben zu Prag nach Cristus gepurt viertzehen-
hondert jar und darnach in dem zwolfften jar des mit-
wochs nach sontag als man singet letare, unser reich
des Romischen in dem sechsunddreyssigsten und des
Behamischen in dem newnundviertzigsten jaren.

(Aus bem oberpfälz Copialbuche Nro. 17 im Reichsarchiv.)

IV.
1417, Juni 25.

Hans Irher bürger zu Amberg verkauft dem vesten vnd weisen
Ruprecht von Wolffring zur zeit richter und landschreiber zu Amberg
für herzog Ludwig zur veste, die jetzt daselbst gebaut wird, seine
hofralt und seinen garten an der stadtmauer gelegen als nunmehr
freies eigen um 27 ℔ pfennige Amberger stadtwährung, nachdem
er (Irher) den zum Ave Maria pflichtigenzins mit einwilligung des
Ave Maria verwesers Chunrat Pirner vorher abgelöst hatte.

G. mit des gerichts insiegel der stadt Amberg besiegelt
des freytags nach s. Johanstag zu sunbenden.

(Aus bemselben oberpfälz. Copialbuch.)

V.
1417, November 14.

Uffzeichnufs, wie die Irrungen zwischen pfaltzgraff Ludwigen und pfaltzgraff Johannsen gebrüdere von wegen des closters zu Castel, deßen ein ieder vogt und herr sein wollen, verglichen sint. nemblichen, das pfaltzgraff Ludwig. von könig Sygmunden zu einen vogt und hern aber vorbemelt closter gesetzt sey worden. geben unter des abts zu Enstorff insigel ao. 1417.

Efs ist zu mercken: alfs der allerdurchlewchtigst und hochgeporn fürst guter gedechtnus herr Ruprecht Römischer könig von todts wegen abging und die vier hochgepornen fürsten, sein sün, lant und lewt getailten, do wart in dem taylen defselbenmals des closters zu Castel nicht gedacht. alfs nu der hochgeporn fürst hertzog Johannfs und der vitztum von Amberg herauf von Haydelberg komen, do die taylung geschehen wafs, do legt der ytzgenant herr hertzog Johannfs ein ftewr auf sein lant und berüft den abt von Castel und sprach ym zu, er schölt· der stewr auch willig sein, dafs wolt er bast hinfür umb yn undt sein gottshaufs bedencken. darüber antwortt der apt, er wolt im keiner stewer erkennen noch schuldig sein, wann er noch nicht west, auf welchem tayl er pleiben würdt und welher herr unter.. yn zweyn seins gottshaufs vogt scholt sein. do antwort der hochgeporn fürst hertzog Johannfs, er wer des closters vogt, wann es in seinen lant gelegen wer, und do wer kein widerred weder von seinen pruder, weder von anders nymants, und wolt auch das gottshaufs halten pey seinen freiheiten rechten und gewonheiten, als es. von alter herkummen wer.. das glawbt im der apt, als er denn einem fürsten und herren des pilleich glewbig scholt sein und verwing sich einer stewer von seinen armen lewten eingepringen,.wo er die gelegen hat, und im die furbafs zugeben. do ward im aufgesatzt zwayhundert gulden, als sie dann ir vatter seeliger und ander ire vorfordern von alter her umb dieselben sum oder etwie dick newr umb hundert gulden und nicht höcher gestewert haben. alfs nu die stewr geviel, do hett der apt willen, er wolt denselben hern hertzog Johannfsen von dem Römischen künig zu einer merern bestetigung gevordert haben nach aufsweisung ir[er] prief und hantvest. unterdefs beruft der vitztum von Amberg den apt zu ym und sprach im herticlich zu, er und sein gottshaufs gehörten zu der Pfaltz und er hett sich seinem rechten hern entpfrembdet, und wer er ein lay, man schölt im darumb herticlich straffen. und ander swere und herte wort genug. do antwurtt der apt und sprach, er hett sich nymants entpfrembdet, hertzog Johamfs hett in beruft, als er von dem Reyn herauf kom. dafs geschach umb Martini und hett in ervordert, als oben geschriben ist. dem hett er auch glawbt als einem fürsten, und der vitztum hett dafs lafsen ansten wol achzehen wochen, dafs ist von sant Marteins tag untz in die ersten vastwochen, und hett im darumb nye zuegesprochen. und hett er im ein wortt darumb zugesprochen oder verschriben, er hett sich gegen hertzog Johannfsen keiner stewer oder in khaynerlay anders erkennet. pey der red waren zwen von Amberg des rats. darnach aufhielt sich der apt gegen peyden herschafften als verr, dafs im der egenant herr hertzog Johannfs verschraib umb dinst, defselben gleich auch der vitztum, der er kayns tun wolt, dann es würdt aufstragen, wer sein und seins gottshaufs vogt wer. darumb sie auch auf bayden taylen sein armlewt pfentent, der ein in Sultzpacher gericht, der ander in Helffenberger. das stand als lang, untz das sie selben der egenant herr hertzog Johannfs und der vitztum aynig wurden und dem apt uf payden taylen verschrieben, dafs er den Schechfsen defselbenmals sein kelner, nu apt zu Enstorff, schölt mit yn schieken gen Haydelberg mit des gottshaufs priefen, freiheiten, das es hatt von pebsten kinigen und kaysern. alfs der Schechs hinab kom und nicht anderst gewalts hett, denn die prief zu füren und weisen, do ward ym von eim tayl zugesprochen, er schölt in zu einen hern und vogt nemen, so wolt er dem gottshaufs fürderleich sein und getrewlich hanthaben. darumb antwurtt der Schechs, er het sein keinen gewalt, dafs er ainen vor den andern nem, wann im dafs nicht entpfolhen wer. wie sie aber aynig würden, also das ir ayner des closters und seiner armenlewt vogt wer, als von alter herkommen ist, dafs wer seines apts und prüder, des er hoffet, guter will. darnach wardt im nicht mer zugesprochen. so wardt er auch nye berufft in den rat, dan als viel man aufprach. do wardt im gesagt, hertzog Ludweig wer des closters vogt vor der handel der taylung, und der herren verpriefen gegeneinander, das geschach alles hinter ym, alles gentzlich ohn seinen willen wifsen und wortt, als er defs noch hewt willig ist zuerweysen mit seinen aydt, oder wie er das mit recht erweisen soll. derselb Schechfs kom also haim und sagt seinen apt und prüdern, hertzog Ludweig wer ir und ires gottshaufs gtiter und lewt vogt und herr. daran hett der apt und convent ain bentig. darnach in acht tagen kom der altmann Kempnater gen Castel. do fragt in der apt, wie sich hertzog Johanfs des closters derwegen hett. do antwurtt altman Kempnater, er hett sich defs noch nicht gar erwegen und erzelet, wie sich die herren gegeneinander verprieft hetten von des closters wegen, nach dem als aufsen an dem prieff verzeichent ist. do sprach der apt: *traw mir nicht, dafs taer ein teding, die des gottshaufs verderben wer und nymmermer uberwinde.* do sprach der Schechfs: *her Kempnater, ir seyt des gottshaufs vogt, dafs scholt ir mir pilleich zu Haydelberg haben kundt geton und dovor gewarnet.*

*haben, als er das dem gottshaufs schuldig seyt, so hett ich
dafs widersprochen nach allem meinem vermügen.* do antwurtt der Kempnater und sprach, daran het man sich
nicht kert, ob halt der apt selbs do nyden gewesen wer
und dafs widersprochen hett. darnach des andern tags
schickt der apt seiner conventprüder zwen gen Lengen-
velt zu hertzog Johannfsen und liefs do die taylung und
dafs verpriefen offenlich wideruffen, desgleich auch der
apt zu stund verschraib dem hochgepornen hertzogen
Ludweig gen Haydelberg dafs widerruffen.

Zum andern mal tet der apt zu Mergenthaim, do
pede genante fürsten gesampt wurden, zum dritten mal zu
Amberg in der mofs, als ytzunt verzeichent ist und zu
des gottshaufs herkommen und gewonheit verzeichent
gab, als dafs an einem andern prief begriefen ist. und
in solcher weifs wiederrufft er auch dafs zum vierden mal
zu Haydelberg und der apt nicht anders allweg begert,
dann dafs die herren noch aynig würden, das ir ainer
des gottshaufs seiner güter und armerlewt, wie die
genant weren oder wo die gelegen weren, als von alter
her mit gewonhaiten kummen ist, vogt und herr wer.
do dafs alles dem apt nicht gen mocht, do sagt er den
obgenanten herren unter awgen zu Haydelberg, er wolt
reitten zu dem Römischen künig, der des gottshaufs
oberigster vogt und herre ist, und wolt im den handel
fürbringen und in pitten umb ein vogt seinem gottshaufs
gütern und armen lewten, alfs mit gewonheit herkummen
wer. dafs widersprach der obgenanten hern kayner nicht.
also rait der apt gen Lamparten zu künig Sygmundt
und erwarb zu einem vogt den hochgepornen fursten
hertzog Ludweig pfaltzgrafen uber das gottshaufs, apt
prüder und hawfsgesindt und alle ir güter ynnen und
aufsen, wie die genant sein oder wo die gelegen sein,
als aufsweiset die hantvest, die sie darüber von den

egenanten künig haben. uber dafs alles vermaint sich
der obgeschriben hochgeporn fürst hertzog Johannfs zu
halten an dafs verpriefen, und vermaynt darüber des
closters armlewt zu bestewern, dafs defselben closters grofs
verderblich schadt wer, als dafs begriffen ist an dem
andern obverzaichten prief. begertt der apt und sein
conventprüder nicht anderst, dann dafs der offtgenante
herr hertzog Johannfs sie lafs pleiben pey iren rechten,
freyheiten und guten gewonheiten, die sie haben von
pebsten künigen und kaysern. dewcht in aber, dafs er
in das nicht schuldig wer, so pitten sie nicht anders,
dann dafs er sich lafs benügen an recht und yn, irem
gottshaufs und iren armenlewten darüber kain gewalt
oder unrecht zuziehe. defselben rechten wollen sie im
gehorsam sein als pilleich müglich und recht ist. zu
urkundt dieser sag und handels versigelt mit des erwirdigen geistlichen herrn herrn Cunrats apts zu Enstorff
anhangenden insigel, der das alles noch hewt also bestet
und weisen will als ob engeschriben ist. nach Christi
gepurt vierzehenhundert jar und darnach in dem syben-
zehenden jar des sontags nach sant Marteins tag. Item
von defs closters wegen zu Castel sein wir uberkumen,
dafs wir hertzog Ludweig defselben closters vogt und
herre sein süllen und süllen auch dafselb closter und
alle die gütter die in unsern lante herschaffte und gerichten gelegen sein und dem egenanten closter zugehören
von unser Pfaltz wegen gen Amberg getrewlicchen versprechen und sie auch dobei verleyben lafsen, als der
prief ufsweiset den in unser lieber herr und vatter seligen
vor zyten geben hatt. so sullen wir hertzog Johannfs
alle die gütter und des vorgenanten closters armlewte,
die zu dem egenanten closter gehören getrewlichen versprechen, die dann in unserm lande herschafft und gerichten gelegen sin und sullen sie auch doby verleiben

lafsen, als dann der vorgenant brief ufswiset, den in
unser lieber herre und vatter selig darüber geben hatt.

(Copialbuch des Klosters Kastl im Reichsarchiv.)

VI.
1418. Mai 30.

König Sigmund nimmt den Herzog Johann wider dessen Bruder
Ludwig III. in seinen Schirm und verbindet sich mit Ersterm zu
Schutz und Trutz.

Wir Sigmund von gotts gnaden Römischer konig
czu allen czeytten merer des reichs und zu Hungern
Dalmacien Croacien etc. konig bekennen und thun kund
offenbar mit disem brieff allen den, die in sehen oder
hören lesen: wann der hochgeborn Johanns pfalczgrave
bey Rein und herczog in Bayern unser lieber oheim und
fürste an uns pracht hat, wie das ime der hochgeborn
Ludwig pfalczgrave bey Rein des heyligen Römischen
reichs ercztruchsäfz und herczog in Bayern unser lieber
öheim und kurfürst sein pruder in ettwemanigem weg
betrang und ungeleichs thue und im in das sein gegriffen
hab und teglich greyff uber das, das yn an gleichen
pillichen rechten nemlich vor uns und unsern fürsten wol
benügen wölt, und wann wir nu in sunder in unsern
schirm genomen haben umb das, das er nicht verunrechtet
werd, sunder bey gleich und recht beleyben mög, darumb
so haben wir in vertröstet also, wer es, das er mit dem
vorgenanten Ludwigen oder derselb Ludwig mit ime
zu krieg und veintschafft keme umb das im des rechten
aufzgieng vor uns und unsern fürsten und des auch nicht
gehorsam sein wölt, so söllen und wölen wir dem obgenanten Johannsen mit ganczem ernst beholffen sein, und

auch unsern fürsten greven stetten und andern unsern und des reichs getrewen in unsern königlichen brieven bey einer pene und unser sweren ungnade zu vermeyden gebieten in der pesten forme, wider den vorgenanten Johannsen noch sein helffer nit zu thun, sunder uns und im getrewlich und ernstlich beraten und beholfen zu sein und wir sollen noch wollen uns auch aufs demselben krieg nit sttnen befriden oder befürwortten in keinen weg alles geverde hierin genezlich aufsgescheiden. mit urkund difs brieffs versigelt mit unserm königlichen anhangendem insigel, geben zu Basell nach Crists gepurd vierczehenhundert jar und darnach in dem achczehenden jare des nächsten montags nach gotzleychnamstag, unser reiche des Ungrischen etc. in dem zwayunddreyssigisten und des Römischen in dem achten jaren.

Ad mandatum domini regis Paulus de Tost.

(Original im Reichsarchiv.)

VII.
1425, Mai 13.

Kaiser Sigmund nimmt Herzog Johann in seine Dienste auf.

Wir Sigmund von gotts gnaden Romischer kunig zu allen zeiten merer des reichs und ze Hungern zu Behem Dalmacien Croacien etc. kunig enbietten dem hochgebornen Johannsen pfallntzgraven bey Rein und hertzogen in Beyern unserm lieben oheim und fursten vnsere gnad und alles gut. wann wir angesehen haben redlikeit und vernunft, die wir an deiner lieb erkant haben und auch, das du uns zu diensten wol nutz bist und sein magst, darumb so haben wir dich zu unserem

diener aufgenomen und empfangen, nemen und empfahen
dich mit rechter wissen in krafft difs brieffs und der worten, das du uns dester bequemlicher gedienen mugst, so
versprechen und geloben wir dir hinfur alle jar nach
dato difs brieffs antzeheben zwey tausent Reinischer
gulden aufs unserer kuniglichen kammer an vertziehen
zu geben aufszurichten und zu betzalen. und das soll
weren als lange das unser wille ist. mit urkund difs
brieffs versigelt mit unserm kunclichem anhangendem
ingesigel. geben zum Tatans an suntag vor dem heyligen
ufferttag nach Christi geburt viertzehen hundert und darnach in dem funffundzwaintzigisten jaren, unser reiche
des Hungroschen etc. in dem newnunddrissigisten, des
Romischen in dem funfftzehenden und des Behemischen
in dem funfften.

(Aus dem oberpfälz. Copialbuch Nr. 16 im Reichsarchiv.)

VIII.
1432, März 20.

**Heinrich Nothaft zu Wermberg entscheidet mit noch andern Ge-
nannten die Streitigkeiten des Kurfürsten Ludwig III. mit dessen
Bruder Herzog Johann verschiedener Punkte halber.**

Ich Heinrich Notthafft zw Wermberg vicztumb zu
Amberg tu kunt mit dem brif allen den, die in sehen
oder hören lesen: als von solcher zuspruch wegen, darinnen die durchleuchtigen hochgeborn fürsten und herren
her Ludwig pfallczgraff bey Rein des heiligen Römischen
reichs orcztruchsess und fürscher der lande des Reins
zw Swaben und des Frenckischen rechten und herczog
in Beiren uff einem, und her Johanns auch pfallczgrave

bey Rein und herczog in Beiern etc. uff dem andern
teyl gebrudern gewesst sind umb etlich stuck und sachen
ir beyder lande und leute zw Beiren antreffend, die hernach gemeldet steen, darinnen yetweder derselben meiner
gnadigen herren meynet, daz ime einfell und entziehung
an seinem tail lands geschen von dem andern, und vor-
malen ir gnad zu beyderseite in denselben irrungen und
spennen einen steten hindergang uff mich getan haben
als uff einen obman, sy in den nachgeschriben sachen
und stucken zu entscheiden, als auch das die anlafs brieff
lauter aufsweisen. daruff ich auch iren gnaden yeczo
tag her gein Nüremberg bescheyden han, da haben ir
gnad yeglicher sein teyls zwen seiner rete zu einem zusacz zu mir gegeben, sy in der gütlikeyt daraus zu entscheiden, damit ir gnad der sach und irrsall zu richtikeyt
und eynigung komen, nemlich mein gnediger herre herczog Ludwig der pfallczgraf von seiner seyten die vesten
Albrechten vom Eglofstein zu Reichenegk und Petern von
Stetemberg, und mein gnediger herre herczog Johans
seins tails den edeln hern Hadmaren herren zu Labor
den jüngern und Jörigen Mistelbecken, also wie ich der
obman und der zwsacz sy solicher irre und zwitracht
entscheyden sprechen und machen, daz sy das getreulichen und stete hallten wöllen an alls geverd, als sy
sich des auch zu beyderseit uff uns veranlasst und verschriben haben. und uff das so bekennen wir der obman
und zusacz ynzgenant offenlichen mit dem brieff, daz
wir der obgenant unsern gnedigen herren spruch und
irrung gein einander mit fleis uffgenomen und gemerckt,
und darüber zwischen iren gnaden umb solich hernach
geschriben spruch getreulich und ungeverlichen alle funff
eintrechtticlichen ussgesprochen haben und sprechen als
hernach geschriben stet. zum ersten von des dorffs
wegen zw Bamsendorff, das soll bleiben bey der kunt-

schafft und sag, als wir dann darumb geurteilt haben..
item von des geleits wegen zu Nappurg und Dreswitz
sprehen wir, daz ein pfleger zu Nappurg von unsers gnedigen herren pfallczgraven wegen von dem pach under-
halb Hirsaw fliessend daselbst ufsm weyer geleiten sol
biz gein Witschaw und von Witschaw wider biz zu demselben pach alle die, dy gein Sulczbach zucziehen; aber
welche gein Amberg, die sol er oder ein lantrichter zu
Amberg geleiten biz gein Amberg und wider von Amberg
biz gein Witschaw. so sol ein pfleger von Dreswicz von
vnsers gnedigen herren herczog Johansen wegen gewallt
haben zu geleiten von der Rehlich biz gein Witschaw und
von Witschaw wider biz zu der Rehlih. ob dann die
pfleger mit einander aynig werden, das einer gancz hin
und der ander herwider geleite, das mügen sy wol thun,
doch unschaden und unentgollten unsern gnedigen herren
an iren rechten und herlikeyten, als vor geschriben steet.
item von der Fochsmul wegen die sol bey unserm herren
pfallczgraven und seinen erben bleiben und sein gnad
sol maht haben, die von dem abbt zu Waltsachsen zu
lösen in der mass, als unser herr herczog Johans die
gewallt gehabt hat zu lösen, ob die seinen gnaden zuge-
standen sollt sein. und darauff sol unser gnediger herre
pfallczgraf unserm gnedigen herren herczog Johannsen
geben dreyhundert guldein Reinisch zwischen hie und
pfingsten schirkünftig. item von der hüllczer wegen, die
auch also in irrung ligen gein Waldegk und gein Pargk-
stein sprechen wir, daz es darumb sol besteen und bleiben
in mass, als es vor darumb angestanden ist biz her,
oder unser benante gnädig herren mügen darinnen hawen
und verkolen lassen uff gleichen pfenning, ob sy anders
des mit einander eynig werden, also daz daraus ein
halbteil gevelle gein Waldegk und der ander halbteil
gein Bargstein. item als die von Luczeloe und Lauter-
hoven recht sprechen und erteilen umb grundt und podem

sprechen wir, daz man darumb in dem lantgericht zu
Amberg und sunst nyendert in keinen marckt-oder dorff-
gerichten rechten sol, es sey dann, daz sy gut urkundt
und brieff darumb furbringen, daz sy des gefreyet und
bestett sind von unser gnedigen herren vorfarn und eltern.
item umb das hollcz bey der Heinspurg, genant das Tannach, sprechen wir, daz dasselb hollcz bleiben sol halbs
bey unserm herren pfallczgraven und halbs bey unserm
herren herczog Johansen. und ich obgenanter Heinrich
Nothafft sol das teilen in zwey teil ungeverlich und von
yeglichs herren seiten zwen darczu nemen und dieselben
zwen teil dann mit marchstein ufszeichen und unter-
scheiden also, daz auch yetweder der herren ungeirret
weg und steg zu seinem teil haben sol durch des andern
teil oder wo des not thut ungeverde. item umb die
meyerstat bey Heinspurg, die unser herre herczog Johans
dem Ludwice seinem schreiber verhihen hab, sprechen
wir, daz vnsers herren pfallczgrafen teil zusambt unsers
herren herczog Johannsen teil dem benanten Ludwice
Anhart und seinen erben bleiben sol. item von der
hemmer wegen, die dy von Amberg in unsers herren
herczog Johansen land ligend haben und von der dörffere
und güter wegen, die da zu dem spital gein Amberg und
zu den messen und auch etlichen burgern zugehorn, auch
gelegen in desselben unsers herren herczog Johansen
land, sprechen wir, daz derselb unser gnediger herre
herczog Johans oder sein ambtleute uff dieselben hemmer
dörffere leute oder guten furbaz keinerley stewr noch
scharwerch legen noch haben sullen, sunder sy bleiben
lassen und hallten bei iren briefen und sigelln. sind sy
dann seinen gnaden icht verpflicht mit zinsen herlikeiten
oder gerichten, in dem sullen sy auch gehorsam sein
und thun, alsvil in dann darinnen zugepürt. item des-
gleichs sol auch unser gnediger herro pfallczgrave thun

und hallten gein den unsers gnedigen herren herczog Johansen als gein des clossters Pülnhoven und ander gütere und laüten, die in unsers herren des pfallczgraven land gelegen sein inn obgeschribner mass einem als dem andern getreulichen on geverde. item von des clossters wegen zum Spenshart hat der probst fürpracht von jäger und hund wegen, die uff seins clossters gütern in unsers herren pfallzgraven land ligend und unterstand habern begern ze haben für nachtseld, dann wol sind etlich sein armleut und gütere, die lang czeit her gellt gegeben haben für die nachtseld, darumb sprechen wir: welche pawrn oder gütere vorher gellt für nachtseld geben haben, die sullen noch gellt dafür geben und dann mit der nachtseld unbeswart bleiben, oder von welchem man das gellt also nicht neme, der sol die nachtselde leiden. aber welche vormaln weder gellt noch nachtseld gegeben hetten, und ob nw icht newung uff diselben darinnen gemacht weren worden, die sol man darumb hinfür auch gancz unbeswert und unkümert lassen. item es hat auch derselb probst vom Spenshart fürpracht, die von Pressat machen im ein newung also, welche under seinen stifft armmann das heiligen sacrament zu Pressat empfahen, daz die von Pressat meynen, dieselben sullen in demselben marckt eehaffte recht suchen und verantwortten, die ungewöndlichen newung sprechen wir ab, ob anders das ein newung ist. ist aber das also von allter herchomen und daz sich das findet mit redlichen urkunden und kuntschafften, so sprechen wir, daz es dabey sol bleiben. item von Wilhelmen Grossen wegen sprechen wir nach der tailung ynnhallt, daz unser herre herczog Johanns demselben Wilhelmen Grossen seinen hengst, den er vor dem Pleyenstein verloren hat, beczahlen und ufsrichten sol und damit unserm herren pfallczgraven alle gerichtbrieff vom Grossen werden geantwort, die dann gein

unserm herren pfallczgraven von der sach wegen lauten.
item umb die lehenschafft der vier sellden, die Mertein
vom Willdenstein ankomen sind von Hansen Pawrn sprechen wir, daz die bleiben söl bey unserm gnedigen herren
herczog Johannsen. item von der scharwerck wegen zu
Hellfemberg sprechen wir, daz die unsers herren herczog
Johansen daselbst hinfür scharwerchen sullen, als sy
denn vor und von allter her getan haben ungeverlich.
item umb Ellwart und Weyckenryet sprechen wir, daz
es mit dem lantgericht gehörn und bleiben sol, dahin sy
denn vor und von allter gehört haben und mit recht ver-
clagt und verantwort sein, darumb man auch noch wol
lantgerichtbrief gehaben mag und furbringen sol, und
wohin denn dieselben lantgerichtsbrieff sagen und weisen,
da die rechtlich berecht sein worden, dabei sol es bleiben.
item von des weyers wegen zu Sneytembach sprechen
wir, daz der bleiben sol bey unserm gnedigen herren
pfallzgraven und seinen erben getreulichen on geverd
als dann sein gnad den bizher hat ynngehabt. und umb
des willen, daz diser unser spruch von den obgenanten
unsern gnedigen herren und iren erben genczlichen
unverkert stete gehallten und volfürt werde alle geverd
und arglisst hindangeseczt und anfsgeschlossen, so haben
wir der obman und zusacz abgeschrieben zw warem urkund und guten geczeugnus unsere insigel mit gutem
willen und wissen an disen brieff gehangen uns und
unsern erben on schaden. geschehen und geben zu
Nuremberg an dem pfincztag nach dem sontag in der
vassten, als man in der heiligen kirchen singet reminiscere
nach Cristi gepurt vierczehenhundert und in dem zwey-
unddreissigsten jare.

(Original mit 6 Siegeln im Reichsarchiv.)

IX.

1432, August 20.

Kurfürst Ludwig ersucht mehrere Reichsfürsten um Tagsatzung in dem Streite mit seinem Bruder Herzog Johann.

Unsern fretintlichen dinst zuvor, hochgeborne fürsten liebe oheimen sweher und vettern, erwirdiger in got vater lieber besunder frtinde und edler lieber oheim. wir lassen euch wissen, das sich etlich geschicht und sachen in unserem lannde da oben zu Bayern verlawffen hant, darumb wir ansprach und fürderung an den hochgeboren fürsten unsern lieben bruder herezog Johannsen getan und gefordert han, uns darumb wandel und karung zu tun nach ewerm erkentnüfse. wann nu der vorgenanten unser lieber bruder herczog Johanns uns zugeschriben hat, das er darümb für euch sein und unser püntgenofsen czu tagen kummen wölle, so biten wir euch frtintlich mit ernst, das ir samentlichen dem vorgenanten userm bruder herczog Johannsen und uns tag darumb hie zwischen und sand Michelstag nehst komend an gelegen enden bescheiden und den sachen aufstrag geben wollet. datum Heidelberg feria quarta post festum assumptionis virginis gloriosa anno 1432.

Ludwig von gots gnaden pfalczgrave bey Rein des heiligen Römifchen richs oberster truchses und fürseher der lannde des Reyns zu Swaben und des Frenckischen rechten und herczog in Bayern.

Den hochgeboren fürsten herrn Fridrichen marggraven zu Brandenburg und burggrave zu Nüremberg etc. herrn Heinrichen herrn Ernsten und herrn Wilhelmen pfalczgraven bey Rein und herczogen in Bayern unsern lieben oheimen sweher und vettern, dem erwirdigen in got vater herrn Albrechten bischoff zu Eystett unserm

lieben besundern frũnde, ũnd dem edeln unserm lieben
oheimen Ludwigen grafen zu Otingen.

(Original im Reichsarchiv.)

X.
1432, September 7.

. Herzog Heinrich IV. (der Reiche) von Bayern-Landshut wird von
Ludwig III. auf 4 Jahre zum Statthalter der Oberpfalz ernannt.

Wir Heinrich von gots, gnaden pfalltzgrave bei Rein
und hertzoge in Beyern bekennen und tun kunt offenbar
mit disem brief: als der hochgeboren fürst her Ludwig
pfalltzgrave bei Rein des heiling Romischen reichs oberster
druchsess und fürseher der lande des Rines zu Swabin
und des Frankischen rechten und hertzog in Beirn unser
liber sweher und sein land und lütte zu Beyern dise
nechste vier jare, nach datum ditz brifes nach einander
volgend, zu hanthaben zu verwaren und austzurichten
bevolhen hat nach laut und innhalt seins besigelten briefs,
den er uns daruber geben hat und von wortt zu wortte
lauttet, als hernach geschriben steet:

Wir Ludwig etc. datum anno xxxij do., (1432) des versprechen gereden und geloben wir hertzog Heinrich obgenant bei unsern furstlichen trewn und eren, di wir dem
obgenanten unseren lieben sweher hertzog Ludwigen dem
pfaltzgraven mit unsern hantgebende trewen in sein hand
geben und gelobt haben und bey dem eide, den wir unserm
gnadigen herren dem Romischen konige von des reichs
wegen gesworen han, alles das von uns hirvor geschriben stet, getrülichen ware veste und stete und unverbrochenlichen zu hallten zu volfuren und zu tünde und auch

darwider nit ze suchen oder zu tunde heimlich oder offenlich durch uns selbs oder yemands anders in dhein weise all geverde und arigliste gentzlich usgescheiden. und haben des alles zu warem urchunde und gantzer stetikeit unser aigen insigel mit rechter wissen an diesen brief tun hencken, der geben ist zu Heidelberg off unser frawntag, als si geborn wart nativitas zu latein anno domini millesimo quatringentesimo tricesimo secundo.

Wir Ludwig von gots gnaden pfaltzgrave bei Rein des heiligen Romischen reichs oberster truchsess und furseher der lande des Rynes zu Swaben und des Frenkischen rechten und hertzog in Beyern bekennen und tun kundt offenbare mit disem brieve, das wir angesehen und bedrachtet haben die sweren und willden leuffe, die langtzeit in den landen gewest und noch sin, besunder mit den bosen Hussen und ketzern zue Bcheym und sUnst vil ander ruberiy und schindderiy, darumb wir von unsers landes zu Beiren wegen dasselbe unser land zu behUten und zu verbaren lang zit grossen und sweren costen und arbeit gehabt haben und teglichen haben mUssen, und wand wir auch laider etweviel jar und zeit krank und swach au [auch] unser liebes nit vermögig gewest und auch noch nit vermogig sein, also das wir nit selber zu dem obgenanten userm lande gesehen, daz verwaren und aufzerichton mögen, als uns und demselben userm lande nöt wäre, davon wir besörgen, das uns unsern kindern und hereschafte zu leste verderplicher schade davon entsteen und komen möchte, ob wir daz nit anders versehen wurden und uns auch der hochgeboren furste unser liber bruder hertzog Otte dem wir daz vorgenant unser land zu Beyrn zu verwaren bevolhen hatten von sach wegen, die in dortzu bewegeten, das vorgenant wider off und zu usern handen geben hat, wann wir

nu zu dem hochgeborn fursten herrn Heinrichen pfaltzgraven bei Rein und hertzogen in Beyren unserm liben
sweher fur andern unsern vettern magen und frunden
ein besunder gantz getrawen han, so haben wir mit wol
vorbedachtem mute, rate unser räte und rechter wissen
demselben unserm sweher hertzogen Heinrich das vorgenannt unser land zu Beirn von unser und unsers eldisten
sonns wegen, der dann nach unserm tode eyn pfaltzgrave
bey Rein sein sol, ob er das erlebet, als unserm verweser
und verwarer desselben lanndes, daselbe unser land
und alle die, dy darinne und dartzue gehörent, sie sein
geistlich oder woltlich, bei ihren freiheiten, rechten und
allten herkomen getrulichen zu behalten, zu hanthaben zu
schuren und zu schirmen diese nachsten vier jahr nach
datum ditz briefs nacheinander volgende bevolhen und
innegegeben in der mass, als hernach geschriben stet.
zum ersten sol der vorgenannt unser sweher hertzog
Heinrich all nutz und välle desselben landes innemen, und
das vorgenannt unser lannd und alle die, die darinne und
dartzu gehorent, si sein geistlich oder weltlich, edel und
unedel, burger und gebuor, und nämlich die klöster Castel
und Ensdorff und waz gueter zu denselben beiden clostern
gehornt, getrulichen und vestiklichen hanthaben schuren
und schirmen und sie auch bei iren rechten allten ge-
wönhaiten und herkomen behalten und si auch dabey
verliben lassen an alle geverde. der vorgenannt unser
sweher hertzog Heinrich sol auch allen unsern ambtläuten
und pflegern yere jahrliche gult und burckhutte, die wir
in von irem ambte und burckhut wegen verschriben han
zu geben, die vorgenannt jarzale gantze aus eines iglichen jares reichen antburtten und betzalen an alle geverde, und er sol auch mit namen Hintschick Pflug eines
yglichen jars drewhundert gulden die jartzall gantz aus
alls wir im di vorschriben han, raichen antburten und

betzalen also, daz wir oder unser erben von demselben Hintzig Pflug darumb nit bekommert oder angelangt dorffen werden an all geverde. der vorgenant unser sweher hertzog Heinrich sol auch kein unser amtläut oder pfleger, di wir yetzund in unserm lande zu Beyrn gesetzt haben, absetzen oder ander an derselben stat setzen in dheiner weis, es geschech denn mit unserm wissen, willen und verhengntisse. wir haben auch dem vorgenanten unsern sweher hertzog Heinrich versprochen und zugesagt, daz wir unser lantschaft des vorgenanten unsers landes zu Beyrn, es sein ritter oder knecht, stet oder markt, nyemand zu dinst leihen wollen; desglichen sol si auch der obgenant unser sweher hertzog Heinrich im selber oder sunst yemant anders nit zu dinste schicken oder leihen an alle geverde. und wer es, daz es den vorgenanten unsern sweher hertzog Heinrich trefliche nöt angen wurde, darumb er uns nach ausweisung der cynunge, die er, wir und etliche ander fursten miteinander haben, anruffen und ermonen würde, so ist unser maynunge, das die ritterschaft, an dem vorgenanten unserm lande zu Beyren gesessen, dem vorgenanten unserm sweher hertzog Heinrich behollffen sein sullen. aber unser burger und armeläut, in unsern steten, merkten, dörffern und lande gesessen, sullen daheim beliben und nit ustzihen alles ungeverlich. wann und alspalde auch die nechsten zukomenden vier jare nach datum ditz briefs nacheinander volgende vergangen und aus sein, so sol der obgenant unser sweher hertzog Heinrich uns, oder ob wir von todes wegen abgangen weren, da got lang vor sein wolle, unserm eldisten sone, der dann in leben ist, die stet und merckte, dörffer, lande und lawtte, zu dem vorgenanten unserm lande zu Beyren gehorig, zustund und unvertzogenlich und an alle eintrag und widersprechen wider innegeben und einantburtten und die zu unsern oder des vorgenanten unser

eldisten söns handen und gewallte antwurtten und stellen,
und soll darinne nit furtzihen dhainerlaj friheit, brieve,
rechte, gewonheit oder herkommen, die yemant erdenken
möchte, die im darinne zu hillff odet staden und uns
oder unserm eldisten sone, ob wir von todes wegen abgeen wirden, zu schaden und unstaden kommen möchte
alle geverde und argeliste gentzlich ausgeschaiden. und
das alles zu urchunde und vestem getzeugnasse so haben
wir hertzog Ludwigen (sic!) der pfalltzgrave obgenante unser
eigen insigel an diesen brieff tün hencken, der geben ist
zu Heidelberg off unser frawn abent als [sie] geboren
wardt nativitas zu latein anno domini M? cccc? tricesimo
secundo.

(Aus dem Neuburger Copialbuche 18 b im Reichsarchiv.)

XI.
1432, September 8.

Kurfürst Ludwig III. weist seine oberpfälzischen Beamten und
Unterthanen zum Gehorsam gegen Herzog Heinrich an.

Wir Ludwig von gots gnaden pfaltzgrave bei Rein
des heiligen Romischen reichs oberster druehsess und
furseher der lande des Rynes zu Swaben und des Frenckischen rechten und hertzog in Beyren lassen all und
yglich üptte pröbste preläten ritter knechte landrichter
richter landschreiber kastner und all ander unser ambt-
lawt und auch burgermaister rate burger und auch gemeinde unser stet marckt und doriffer, zu unserm lande
zu Beyren gehorig, wissen, das wir dem hochgeboren
fursten herrn Heinrich pfaltzgraven by Rine und hertzogen
in Beyren unserm liben sweher dasselb unser land und
all die, di darinne und dartzue gehorent, si sein geistlich

7 *

oder weltlich, diese nechste vier jahr, nach datum ditz
brieves nehst nach einander volgende, die von unsern
wegen und an unser stat und alls unser verweser desselben unser landes bij iren fryheiden, rechten und alltem
herkomen zu behalten, zu hanthaben, zu schuren und zu
schirmen und si auch dabej beliben lassen, bevolhen
und innegegeben haben nach lautt unser brief, die wir
in daruber geben haben, nachdem wir dann leider ytzund
etwevill jare kranck und swahe gewest und noch syn,
allso, das wir denselben unseren landen und läwten nit
selber furgesein, die verwesen und ausrichten mögen, alls
dann uns und in nothdurfftig were. und herumb so haissen
und gebieten wir auch allen samentlichen und sunderlich
mit gantzem ernste in kraft ditz gegenwurttigen unsers
offen briefs, daz ir dem obgenanten unserm sweber hertzog
Heinrich mit trewen an aides statt geloben sollent, die
vorgenanten vier jar gantze aus von unsern wegen und
an unser stat in allen sachen gehorsame und gewerttig
zu sein nach innhallt und lawtt der vorgenanten unser
brief, die wir im daruber gegeben haben. urchunde ditz
briefs versigelt mit unserm anhangendem insigel datum
Haidelberg in festo nativitatis beate Marie virginis glo-
riose anno·domini M̊ cccc̊ tricesimo secundo.

(Aus demselben Copialbuch.)

XII.

1432. Oktober 14.

Herzog Heinrich macht den Räthen, Rittern, Knechten, Pflegern,
Städten, Märkten und allen seinen Unterthanen „im Lannde zu Amberig" bekannt, dafs er dem Heymeran Nothaft, seinem Rath und
Pfleger zu Nabburg, dieses Land als einem obersten Hauptmann
befohlen und ihm als Rath den Friedrich Wolfstalner an die Seite

gesetzt habe, und ermahnt sie, den beiden, im Falle des Landes
Nothdurft es erheische, mit Hilfe und schuldigem Gehorsam stets willig
und gefügig zu sein.

G. zue Regensburg an Erittag vor s. Gallentag, Ao. d. 1432.

(Aus dem nämlichen Copialbuch.)

XIII.
1432, Oktober 14.

Herzog Heinrich bestellt seinen Rath Heymeran Nothaft Pfleger zu
Nabburg zu seinem Hauptmann im Lande zu „Amberig" auf ein
Jahr (vom datum dieses briefes an) mit Futterung und Kost, dann
einem Jahrgehalte von 200 fl. Rh.

G. zu Regensburg an Erittag vor Galli.

(Aus gleicher Quelle.)

XIV.
1435, Juni 30.

Kurfürst Ludwig III. von der Pfalz setzt und macht Jorgen Trawtenberger den alten zu seinem Amtmanne zu Waldeck bis auf
seines ältesten Sohnes Wiederrufen. Derselbe soll den Kaplänen,
Thorwärtern, Thürmern und Wächtern in den Schlössern (wie bisher üblich) Kost und Lohn geben und die Klöster und die Kloster-
güter nicht beschweren. Dafür erhält Trawtenberger jährlich 150 fl.
und dazu die Fisch-Dienste und den Bau, welche zum Schlosse
Waldeck gehören, sammt dem nöthigen Brennholz. Alle Gefälle
und Einnahmen sind an den Landschreiber nach Amberg abzuliefern;
auch darf der Amtmann keinerlei Geschenk oder Gabe annehmen,
als ein bis zwei Hühner und eine bis zwei Mass Wein.

Dat. Heidelberg feria quinta post bb. Petri et Pauli apost.
anno domini 1435.

(Aus dem oberpfälz. Copialbuch 17 im Reichsarchiv.)

XV.
1437, Januar 25.

Herzog Johann tritt die ihm zukommende Vormundschaft über die
Kinder seines Brnders des Kurfürsten Ludwig III. seinem Bruder
Herzog Otto ab.

Wir Johanns von gottes gnaden pfalltzgrave bei
Rein und hertzog in Bayern bekennen für uns und
alle unser erben und thun kunt offenbare mit disem brieve
allen den, die yne sehend oder hörend lesen: als der
durchleuchtige, hochgeborn furste her Ludwig pfalczgrave
bey Reine des heyligen Römischen reichs erczdruchsesse,
und hertzog in Bayern unser lieber pruder seliger, des
sele der almechtig got durch sein göttlich barmherczikeyt
gnedig sein wölle, layder von tods wegen verfaren und
abgangen ist, und die hochgeborne fürsten Ludwigen,
Friedrichen und Ruprechten pfalczgraven bey Reine und
herczog in Bayern sein söne unser lieben vettern nach
seinem todc gelassen hat, die noch alle drey unter iren
jaren und nit zu söllichem alter komen sein, das sy ire
herschafft land und leutt durch sich selbs regiren, aufsrichten oder den vorgesein können noch mögen, als das
dann der Pfalcze und ander irer herschafft landen und
leuten wol ein notturft were, darumb uns nu wol ge-
pürtt und auch auff uns komen ist, das wir, nachdem
wir des obgenanten unsers lieben pruders herczog Ludwigs des pfalczgraven seligen eltister pruder und nechster
freund einer sein, denselben seinen sönen und besunder
seinem eldisten sone herczog Ludwigen, der dann die
herschafft der Pfalcze hinfure erben, innehaben und be-
siczen soll, vor sein und uns irer herschafft, land und
leut sachen und gescheffte als ir vormunder und muntbar
underwinden und den vor sein und die nach dem nuz-
lichsten und besten aufsrichten und versehen solten als

lang, bifs die obgenanten unscr lieben vettern alle und
ir yeglicher zu seinen jaren und tagen' qweme, das sy
daz durch sich selbs thun solten und mochten. nachdem
das auch ein artickel der gulden bullen clerlichen innhelt
und aufsweifst, das alles wir mit gutem willen und inn
bruderlicher trew und liebe, die wir zu dem obgenanten
unserm lieben pruder seligen in seinem leben gehabt
und nu zu seinen sönen und andern seinen kinden landen
leuten und irer herschafft haben, gern und williclichen
thun wölten, als wol billich ist, so haben wir uns mit
ettlichen unsern räten, die wir zu uns in den sachen
genomen han, wol bedacht und mit den zu rate worden
und sollich der Pfalcz herschafft, lande und leute und
auch unser lande, leut und herschafft sachen und
gelegenheit nach dem besten für uns genomen und ge-
wegen, wie wir der obgenanten unser lieben vettern und
irer herschaffte land und leute, und auch unser herschafft
landen und leuten sachen ordnen und bestellen möchten,
das yne daz allernüczlichste, beqwemste und beste ge-
sein kunde oder möchte, und auch das unser herschafft
land und leute durch süllich müe und arbait, so wir
unser lieben vettern und der Pfalcze und ander irer
herschafft sachen und geschefts halber haben möchten,
nit zu schaden oder zu unstatten komen und geergert
wurden, und finden an rate und verstoen uns auch selbs
nit bessers, dann alfspalde wir uns süllich muntberschafft
und arbait annemen und der obgenanten unser lieben
vettern herschafften landen leuten und sachen zu handlen
und aufszurichten understunden, als wir das auch gerne
teten und billich were, das wir unser land zu Bayern
gancz lassen und hinab an den Reine ziehen müfsteu;
das doch uns und unsern landen ein grofs swere und
verderblikeit were, nachdem wir und dasselbe unser
lande teglichen von den Beheimen und andern angevochten

und beschediget werden. solten wir dan hieoben in
unserm lande pleiben, so wurden die obgenanten unser
lieben vettern, auch ire land und leute danyden an dem
Reine in iren sachen gesaumet, wannd nyemants were,
der sich sollicher irer sachen annemen und die unter-
steen wurde, zu verantwortten und zu verteydingen, als
ine dann nottürfftig were, es wer' dann, das in von
unsern wegen das bevolhen und wir ine das haissen
wurden und mechtig machen zu thunde, in massen wir
dann selbs thun solten. solten wir auch so dicke, so den
obgenanten unsern lieben vettern und iren landen und
leuten hieoben nott were, hinab an den Rein und so
unsern landen und leuten hieoben nott were, wider her-
auff in Bayern und also zu dickerm male auff und nider
und furo reyten, das uns daz an unserm leybe grofs
swerkeit und auch von unsicherhait der lande und strassen
grossen schaden und unstatten pringen möcht. und auff
das nu die vorgenanten unser lieben vettern, die Pfalcze
ir herschafft auch ir land und leutt, und auch wir und
unser herschafft land und leute durch uns von söllicher
muntberschafft wegen nit gesumet, geergert oder ver-
kurczet werden und auch das wir von nyemants, wer
der were, vermerket oder verdacht werden möchten, das
wir unsern nücze in söllichen sachen suchen oder vor-
wenden wölten, so haben wir mit wolvorbedachtem mute
frayem willen rechtem wissen und nach gutem rate ge-
merckct, und können auch in uns selbs nit bessers vinden,
die wir söllicher montparschafft selbs nit vorgescin, der
nachkomen und gnug thun mögen, als dann ein grosse
notturfft were und sich gepuret, das dann nyemants den
obgenanten unsern lieben vettern und der Pfalcze, auch
ander iren herschafften landen und leuten an unser stat
bafz vorgesein und gewarten möge, dann der hochgeporn fürst unser lieber prudere herczog Ott, nachdem [er]

mit seinen schlossen landen und leuten und den seinen
der Pfalcze und andern obgenanten unser lieben vettere
herschafften landen und leuten allernechste und bafs gesessen und gelegen ist, und auch nachdem der obgenant
unser lieber pruder herczog Ott bey des obgenanten
unsers lieben pruders herczog Ludwigs lebtagen umbe
und bey demselben unserm lieben pruder stettiges ge-
wefst ist und sein und seiner herschafft sachen mit ime
und andern seinen räten gehandelt und aufsgericht hat,
darumb ime sölliche der obgenanten unser lieben vettern
und irer Pfalcze und herschafft sachen me[r] und bafz
wissende und kundig sind, dann uns, und haben darumb
den obgenanten unsern lieben prudern herczog Otten
ernstlichen und fleissiclichen gepeten, sich der obgenanten
unser lieben vettern vormundschafft von unsern wegen
und an unser stat zu verwinden und anzunemen, und
ire, irer Pfalcz und herschafft, land und leute sachen und
geschcffte von unsern wegen in unserm namen und an
unser stat zu handeln, aufszurichten und zu versehen,
gleicher weyse und yn aller der masse wir als ein vormunder und montpar der obgenanten unser lieben vettern
das selbs gethan solten han und uns geburte und des
macht gehabt hetten zu thunde. wir haben auch dem
obgenanten unserm lieben pruder herczog Otten alle sölliche rechte, so wir zu der obberurten unser lieben vettern
vormundschafft gehabt han oder haben möchten, es sey
von recht der gulden Bullen, von bruderschafft und syp-
schafft oder von andern rechten, wie die sein oder ge-
sein mochten nichts aufsgenomen, ubergeben und ubergeben ime die auch in krafft ditz brieffs und yn der
pesten weyfs und forme, wie dann das in bâbstlichen,
geistlichen und keyserlichen rechten und nach gewonheit
und gesecze der lande allerbast krafft und macht haben
soll, und machen auch den obgenanten unsern lieben

pruder herczog Otten unwiderrufflich meehtig, von unsern
wegen und an unser stat alles das zu thunde und zu
lassen, die obgenanten unser lieben vettern, die Pfalcz
und ander ir herschafft, land und leute zu hanthaben
auszurichten, den furzusein und zu verwesen und alle und
yegliche ire sache und gescheffte nach dem pesten zu
handlen und aufszurichten, wie das dann uns und einem
montbar und verweser der obgenanten unser lieben vettern
und irer Pfalcz und herschaffte zu thunde geburet hat und
gethan solten han, es sey gein unserm heyligen vater
dem pabste, dem heyligen concilio, unserm allergnedigisten
herren dem Römischen keyser, gein und mit unsern herren
den kurfursten und an allen andern steten und enden,
wo sich das gepürctt und not sein wirdet. und wer es,
ob yemands, wer der were, den obgenanten unsern lieben
pruder herczog Otten an söllicher vormundschafft und
verwesunge hindern oder irren wolte, das were gancz
wider uns und unsern willen und maynunge. und umb
das sich der obgenant unser lieber pruder herczog Ott
söllicher vormundschafft umb unser bete willen von
unsern wegen und an unser stat angenomen hat, so
haben wir demselben unserm lieben pruder herczog Otten
zugesagt, wann er unser begeret, im der obgenanten
unser lieben vettern, irer Pfalcz und herschafft sachen zu
raten, das wir yme alfsdann in söllichen sachen getreulichen und nach unserm pesten verstentnusse raten
sollen und wollen, das auch der obgenante unser lieber
pruder herczog Ott gethan, und sich der obgenanten
unser lieben vettern montparschafft angenomen und uns
zugesagt hat, das alles getrewlichen nach seinen besten
vermögen vernunfft, synne und wiczen zu thunde on alle
geverde. alle und yegliche vorgeschriben puncte, stuck
und artickel, wie die hievor von uns geschriben steend
und innhalten, gereden und versprechen wir herczog

Johanns obgenant bey unsern fürstlichen trewen, wirden und eren ware, stet, vest und unwiderrufflich und unverbrochenlichen zu halten zu thunde und zu vollnfurn und dawider nichtz zu suohen noch zu thun noch schaffen getan werden heimlichen oder offenlichen, durch uns selbs noch nyemant von unsern wegen in kein weyse, alle geverd und argliste genczlichen aufsgescheiden. und des alles zu warem urkunde so haben wir unser aigen innsigel an disen brieff thun henoken, der geben ist auf sant Pauls des heyligen appostolen tag, als er bekeret ward, conversionis zu latein genant, in dem jarc als man zalt nach Cristi gepurde tausent vierhundert dreyssig und syben jare.

(Aus dem oberpfälz. Copialbuch 15 im Reichsarchiv.)

XVI.
1437, Juni 5.

Vertrag zwischen Herzog Otto als Vormund Ludwigs IV. von der Pfalz und seinem Bruder Johann, die Ueberlassung des kurfürstlichen Theiles der Oberpfalz an Letztern für die Dauer der Vormundschaft betreffend.

Wir Ott von gottes gnaden pfalczgrave bey Reine und herczog in Bayern und des hochgebornen fürsten herren Ludwigs' pfalczgraven bey Reine, des heyligen Römischen reichs erczdruchsäss und herczog in Bayern unsers lieben vettern, der noch under seinen jaren ist fürmunder, bekennen und thund offenbare mit diesem brieve allen den, die yne sehent oder hörend lesen, das wir als ein vormunder von wegen desselben unsers lieben vettern herczogs Ludwigs dem hochgebornen fürsten herrn Johannsen pfalczgraven bey Reine und herczogen

in Bayern unserm lieben brudern des obgenanten unsers
lieben vettern herczog Ludwigs schlosse, stete land und
leute in dem lande zu Bayern, zu der Pfalez gehörig, bevolhen und eingeben haben, die von unsern als eins vormunders und des obgenanten unsers lieben vettern herczog
Ludwigs wegen inne zu haben, zu hanthaben, zu schawren
[schuren] und zu schyrmen in der mafs hernach geschriben
steet. zu dem ersten soll der vorgenannt unser lieber
pruder herczog Johanns, solang dann sölliche unsere
vormundschafft weret und der obgenant unser lieber vetter
herczog Ludwig nit zu seinen tagen komen und achczehen
jare alt worden ist, alle nucze und felle des obgenanten
unsers lieben vettern herczog Ludwigs landes zu Bayern
einnemen und dasselbe sein land und alle die, die darein und darczu gehörn, sy sind geistlich oder weltlich, edel
und unedel, burgere und gepawren, und nemlich die clöster
Castell und Ensdorff und was gutere zu denselben bayden
clöstern gehören, getrewlich und vesticlich nach seinem vermögen hanthaben, schawren und schirmen und sy auch bey
iren rechten freyhaiten und alter gewonheit und herkomen
halten und dabey verleyben lassen und nit gestatten, das
sy von yemant, were der sey, nyemants aufsgenomen,
übergriffen oder verunrechtet werden, in kein weyse und
soll auch das selbs nit thun on alle geverde. und so
derselb unser lieber vetter herczog Ludwig zu seinen
tagen komen und achczehen jare alt worden ist, und
mit seinen offen besigelten brieven an den obgenanten
unsern lieben pruder herczog Johannsen begeret und
fordert, ime die obgenanten sein schlosse, stete, lande und
leute, die ime dann durch uns als einem vormunder in
obgerürter massen eingegeben und empfolhen worden
sind, widerczugeben, die selber zu regieren, aufszurichten
und zu bestellen, so sol der vorgenant unser lieber pruder
herczog Johanns demselben unserm lieben vettern sölliche

schlosse stete land und leute one allen eintrag verczug
hyndernüsse wider eingeben und zu seinen henden antwortten, in aller der mafs ime daselbig landt durch uns
als einem vormunder bevolhen und eingeben worden ist
on alle geverde. er sol auch die czeyt und solanng er
des obgenanten unsers lieben vettern herczog Ludwigs
land zu Bayern innehaben wirdet, kein schloss, stat oder
anders, wie das namen hat oder gehaben mag, von demselben landt verseczen, verkauffen, vereussern oder verändern, und des auch nit gestaten in kein weyse on
alle geverde. auch so soll er alle und yegliche willtpenne
iu dem lande zu Bayern, zu der Pfalcz gehörig, getrewlichen
hanthaben und schirmen und nit gestatten, das von yemant, wer der sey, darinne gejaget werde, dann mit
seinen jegern, hunden und geczügen one geverde; und
soll auch die welde mit namen das Tannach, das Biestum
in Amberger gericht, den Haselbecker-fürst, das Burg-
holcz zu Nappurg, die Lutenau, den wald bey Gravenwerde
genant der Wurczenbach, die ziemerholczer, zue der herschafft Waldeck gehorig, und ander welde und zymer-
heltzer, die man bifshere dem lande zu nucz gehayt hat,
nit verhawen, noch verhawen lassen, noch die auch verkauffen, verandern oder veretizsern in kein weyse on geverde, es were dann, das er zu pawen der schlosse oder
notturfft armer leütte ettlich holcz darinne zu hawen er-
laubet wirdet. er sol auch sölliche weyer und scheffer-
eyen in dem lande zu Bayern, die zu der Pfalcz gehörig
sind, und yme yeczund wol gepawet und beseczet bevolhen
worden sind, dem obgenanten unserm lieben vettern herczog
Ludwigen, so er dasselbig sein lande wider zue seinen
handen nemen wirdet, auch also und in solliohen massen
gepawet und besetzet ubergeben on geverde. der obgenant unser lieber bruder herczog Johanns soll uns auch
alle jar, solange er das lande zu Bayern, zu der Pfalcz

gehörig, in obgeschribner mafs innehaben soll, tausent
guter Reinischer gulden zu zwayen zielen in dem jare,
nemlich auff sant Walburgen der heyligen junckfrawen
und sant Micheli des heyligen erczengels dagen oder
vicrezehen tag vor oder nach yeglichem tzile ungeverlich
hinabe gein Franckfurt schicken und antwortten und beczalen, die uns von unser vormundschafft wegen von dem
obgenanten unserm lieben prudern herczog Ludwigen
seligen verschriben und in seinem testament vermachet
worden sind nach innhalt desselben seines testaments,
darfür wir auch zu einer yeglichen zeit, so uns sölliche
gelt von dem obgenanten unserm lieben pruder herczog
Johannsen aufsgericht und bezalt worden ist, demselben
unserm lieben pruder unser besigelt quittancz, als sich
gepüret, geben sollen und wöllen. auch so sol der obgenant unser pruder herczog Johanns die stete, merckte,
dörffer, land und lott in dem lande zu Bayern, zu der
Pfalcz gehörig, bey iren gewonlichen zinsen und stouern
beleyben lassen und sy daruber nit hoher dryngen in
kein weyse one alle geverde; und er und sein amptleute
sollen die frevel und busse verteydingen und die nach
gnaden nemen alles on geverde. er soll uns auch als
einem vormunder und von wegen des obgenanten unsers
lieben vettern herczog Ludwigs zu allen unsern und desselben unsers lieben vettern herczog Ludwigs sachen und
geschefften, es sey in dem land zu Bayern oder an dem
Reine, getrewlichen beholffen sein, worzu wir sein dann
bedörffen und sölliche hilff an yne erfordern und begern
werden, aufsgenomen wider den hochgebornen fürsten
herrn Steffan pfalczgraven bey Reine und herczog in
Bayern unsern lieben pruder. ob der zu dem obgenanten
unserm lieben vettern herczog Ludwigen oder andern
seinen prudern oder zu (der) Pfalcz icht zu sprechen het
oder gewonne, darinne sol derselb unser lieber pruder

herczog Johanns ein getrewer mittler und verteydinger
sein. wer' es aber, das es zu kriege zwischen dem obgenanten unserm pruder herczog Steffan und unserm
vettern herczog Ludwigen und andern seinen prudern
qweme, so sol es zu des obgenanten unsers lieben pruders
herczog Johannsen willen und gefallen steen, ob er dem
obgenanten unserm lieben vettern herczog Ludwigen oder
andern seinen prudern wider den obgenanten unsern
pruder herczog Steffan helffen wöll oder nit. es soll auch
der obgenant unser lieber pruder herczog Johanns keinen
amptman in den schlossen und pflegen zu Bayern, zu der
Pfalcz gehörig, die ime dann empfolhen sind, seczen oder
entseczen, er thue es dann mit unserm als eins vormunders des obgenanten unsers lieben vettern herczog Ludwigs sunderlichen wissen und guten willen. und er sol
auch alle amptleut in dem lande zu Bayern, zu der Pfalcz
gehörig, die in obgerurter mafs bestalt werden, die zeit,
so lang er dasselbe land innhaben sol, mit lone und anders
genczlichen aufsrichten und den von den ampten thun
und geben, sovil als sich gebtlret, auff das sy dabey
pleyben und der gewarten mögen; und der obgenant
unser lieber vetter herczog Ludwig, noch sein erben
pfalczgraven bey Reine sollent damit nicht zu thund
han on geverde. und alle die amptleltt, die also mit
unserm guten wissen und willen in den schlossen und
pflegen des landes zu Bayern, zu der Pfalcz gehörig, ge-
seczt werden, die sollen uns als einen vormunder von
wegen des obgenanten unsers lieben vettern herczog
Ludwigs globen und sweren und sich auch verschreyben
und thun, als sich dann geptlret. sy sollen auch dem
obgenanten unserm lieben pruder herczog Johannsen iren
rate und dienst globen und sweren, ime getrewlichen in
seinen sachen zu raten, one in sachen, die wider den
obgenanten unsern lieben vettern herczog Ludwigen oder

sein Pfalcz weren. wer' es auch, ob wir als ein fürmunder und von wegen des obgenanten⸱ unsers lieben vettern herczoge Ludwigs ein gemayne steure in desselben unsers lieben vettern herczog Ludwigs landen an dem Reine und auch in Bayern heyschen wurden, da sol uns der obgenant unser lieber pruder herczog Johanns in dem lande zu Bayern, zu der Pfalcz gehörig, daran nit irren, sunder uns darczu beholffen sein, das das seinen furgank gewynnd. er sol auch die schlosse in dem lande zu Bayern, zu der Pfalcz gehörig, die ime in obgoschribner mafs bevolhen synd, in redlicher dachunge und andern notturfftigen pawen auff seinen kosten halten on alles geverde. und alle solliche salbüchere, brieve und registere, so zu Amberg in dem gewelbe sind, der sol und mag der obgenant unser pruder herczog Johanns zu seiner notturfft geprauchen und die nüczen, und so er der also geprauchet hat, sol er die einem landschreyber zu Amberg wider geben in das gewelbe daselbst zu legen, darinne zu beleyben und zu behalten, one geverde. wer' es auch, ob yemant, were der' were, schulde oder spruch zu der Pfalcz in dem land zu Bayern vermaynte zu han und wurde die an den obgenanten unsern lieben vettern herczog Ludwigen oder an unsern pruder herczog Johansen und die Pfalcz fordern und thun, dieselben sol derselb unser lieber pruder herczog Johanns hinabe für uns und der Pfalcz rete an dem Reine weysen, umb söllich ire schulde oder spruch recht zu nemen und zu geben, den auch des rechten also fürderlich von uns und den obgenanten unsern und der Pfalcz reten geholffen werden soll one alle geverde. wellicher aber söllicher recht nit nemen und den nachkomen und das land zu Bayern, zu der Pfalcz gehörig, darüber angreyffen oder beschedigen wolt, so sol der obgenant unser lieber pruder herczog Johanns nach seinem besten vermögen den widersteen und sich

des auffhalten mit were nach nottürfft und als sich gepüret. er soll auch keinerley kosten oder schaden, die
er oder die seinen in der zeit, als er das land in Bayern,
zu der Pfalcz gehörig in obgerürter massen inhaben soll,
nemen, haben oder leyden wurden, es sey an gefenck-
ntisse hengsten pferden harnasch oder anders nichtz
aufsgenomen, an den obgenanten unsern lieben vettern
herczog Ludwigen oder sein erben pfalczgraven bei Reine
nit haischen noch vordern in keine weise, sunder was der
obgenant unser lieber pruder herczog Johanns zu schicken
haben oder gewynnen wirdet von der Pfalcz und des
landes wegen zu Bayern, das soll alles auf sein selbs
kosten und schaden geschen, und der obgenant unser
lieber vetter herczog Ludwig und sein erben pfalczgraven
bey Reine sollen des nicht zu thunde haben noch darfür
steen oder haffte sein in kein weyse on alle geverde.
doch wurden derselbe unser lieber pruder herczog Johanns
oder die seynen von uns oder der Pfalcz reten hinabe
an den Rein gefordert oder gepeten, das soll auf des
obgenanten unsers lieben vettern herczog Ludwigs und
der Pfalcz kosten und scheden gescheen alles ongeverlich.
der obgenant unser lieber pruder herczog Johanns soll
alle gült und zinfs, die sich gebürn von des landes wegen
zu Bayern zu riechten, es sey an gelt oder an getraid
ane des obgenanten unsers lieben vettern herczog Ludwigs und seines landes zu Bayern kosten und schaden
beczalen und aufsrichten, so lang er dasselbig land zu
Bayern innhaben wirdet. was auch schulde er in der
zeit, als er das obgerürt lande zue Bayern innhaben soll,
mit der Pfalcz personen oder andern machen würdet,
die sol er oder sein erben one des obgenanten unsers
lieben vettern herczog Ludwigs und seines landes zu
Bayern kosten und schaden aufsrichten one geverde.
er soll auch alle sölliche geistlich oder ander lehen, so

sich gebüret von der Pfalcz wegen zu Bayern die zeit und so lang er das land zu Bayern zu der Pfalcz gehörig in obgerürten massen innehaben wirdet, von unsern als eins. vormunders und des obgenanten unsers lieben vettern herczog Ludwigs wegen leyen, aufsgenomen ob ettlich werntlich lehen. verfallen weren oder verfielen und ledig wurden, die sol er hinabe für uns weysen. wer' es auch, das der obgenant unser lieber pruder herczog Johanns in der zeit, als er das lande zu Bayern zu der Pfalcz gehörig in obgerürter massen innhaben soll, von todes wegen abgeen wurde, das der almechtig got nit wölle, so soll der hochgeborne fürste unser lieber vetter herczog Cristoff sein sone das obgenant land in Bayern, zu der Pfalcz gehörig die vorgenanten zeit aufs und alfs lange, bifs der obgenant unser lieber vetter herczog Ludwig zu seinen tagen komen und achczehen jar alt worden ist, innehaben in aller der mafs, als der obgenant unser lieber pruder herczog Johanns sein vater das innegehabt solt han und hievor geschriben stet, doch also, das derselb unser lieber vetter herczog Cristoff sich zuvor und ee im das lande zu Bayern eingeben und bevolhen wirdet, auch verschreybe globe swere halt und thue, als dann der obgenant unser pruder herczog Johanns sein vater getan hat alles ungeverlich. ging aber der obgenant unser lieber vetter herczog Ludwig in der obgenanten zeit von todes wegen abe, das der almechtig got auch nit wölle, so sol der obgenant unser lieber pruder herczog Johanns, oder er von todes wegen in derselben zeit auch abgangen were, da got vor sey, unser lieber vetter herczog Cristoff sein sone die obgeschriben schloss stete land und leute zu Bayern, zu der Pfalcz gehörig des obgenanten unsers lieben vettern herczog Ludwigs eldesten pruder, den er dann nach seinem tode lassen würd, so der auch zu seinen tagen komen nnd achczehen jar alt wirdet, übergeben vollnführen thttn und nachgeen in der massen, als davor von unserm lieben vettern herczog Ludwigen geschriben steet. unddder obgenant unser lieber pruder herczog Johanns, noch anch unser lieber vetter herczog Cristoff seine sone söllent darinne nymer fürgecziehen keinerlay freyhait brieve recht gewonheit oder herkomen, die sy yeczund hand oder hernach erwerben möchten, noch keinerlay ander sachen, die yemant erdenken mag, die yne darinne wider sölliche verschreybunge vorgertirt zu hilff oder stadten nnd dem obgenanten unserm lieben vettern herczog Ludwigen oder seinen erben pfalczgraven bey Reine zu schaden oder unstatten komen möchten. und des' alles zu warem urkunde so haben wir unser vormunderschafft innsigel an disen brieff thttn hencken, der geben ist zu Amberg auff mitwochen nach unsers herren fronleichnams tag in dem jare als man zalt nach Cristi desselben unsers herren gepurd tausent vierhundert dreissig und syben jare.

(Aus bem oberpfälz. Copialbuch 15 im Reichsarchiv.)

XVII.
1437, Juni 6.

Entscheidung verschiedener Streitigkeiten zwischen Herzog Johann und seinem Bruder Otto in oberpfälzischen Angelegenheiten.

Wir Johans von gots gnaden pfalczgrave bij Rine und herczug in Beiern und wir Ott von denselben gnaden gots pfalczgrave bij Rine herczug in Beiern und furmunder des hochgebornen fursten hern Ludwigs pfalczgrave bij Rine des heiligen Romischen richs erctruchsessen und herczugen in Beiern unsers lieben vettern gebrudern bekennen beide und tun kunt offenbar mit dissem brieve:

8 *

als etlich spenne und zweyunge gewest sind zuschen uns
herczug Johansen an einem und dem obgenanten unserm
lieben vettern herczug Ludwigen dem pfalczgraven au
dem andern teile, unser beider lande hieoben zu Beiern
antreffend, das solich spenne durch unser rete mit unserm
guten willen und wissen in der gutlichkeit fruntlichen
beteidingt und hingeleget worden sin in der massen hernach geschriben stet. zu dem ersten als von des wilt-
pands wegen in dem Diebsteige und andern hölczern
in dem ampte zu Rüden bifs in den Claffer, da sollen
und wollen wir herczug Johans obgenant unser erben
und die unsern den obgenanten unsern lieben vettern
herczug Ludwigen sin erben und die sinen von sinen
wegen zu ewigen zijten an dem obgerurten wiltpanne
ungehindert und ungeirret bliben lassen; und wir noch
unser erben noch nyemands von unsern wegen sollen
noch wollen darinne nit jagen, es geschee dann mit be-
suuder gunste und erleubunge eins pfalczgraven. item
als von des dorffes wegen Bamfsendorff, da sollen und
wollen wir herczug Johans obgenant und unser erben
dem obgenanten unsern lieben vettern herczug Ludwigen
und sin erben an dem lantgericht und halfsgerichte, das
er daselbs hat und haben sol, furbas zu ewigen zijten
ungeyrret und ungehindert bliben lassen und yne nicht
darin tragen ane geverde. doch ob unser herczug Johansen
armenlute, so wir daselbs zu Bamfsendorff siczend han,
die uns dann zinsbar sin, einer oder me verbrechen und
den lip verwirckten und über die man zu Nappurg richten
wurde, so sol das gut uns herczug Johansen und unsern
erben zusteen und folgen ane hindernisse und intrag
allermenglichs ane geverde. item als von des holczes
wegen genant das Tannach bij der Heinspruch [Hein-
spurg] gelegen, die sollen wir herczug Johans und herczug Ott obgenant daran sin, das dasselb holcz geteilet

und furbas damit gehalten werde, als der entscheidsbrieff
daruber begriffen ufswiset. es sollen auch solich holczer,
die bij unsern herczug Johansen gezijten gekaufft und
an uns komen sint, in solcher teilunge nit begriffen,
sunder zu uns und unser herschaffte gehoren an geverde.
item als von des zolles wegen zu Suwegast, da sollen
und wollen wir herczug Johans obgenant bestellen, das
furbas nyemands zu dem Suwegast gezollet, nach dahin
sunder gein Hirsauwe zu faren und daselbs gezollet werden solle, als von alters herekomen ist. item von des
dorffes wegen zum Helmesperge, da sollent solich casten-
gutere, die daselbs zu Helmesperge ligen und uff des
obgenanten unsers lieben vettern herczug Ludwige casten
gein Amberg dienen, uff dem lantgericht zu Amberg und
nit zu Sulczbach furgewendet oder verrichtiget werden.
was aber gutere daselbs liegen, die dem obgenanten
unserm lieben vettern herczug Ludwigen nit zinsbar sint,
noch uff sinen casten gein Amberg dienen und die in
dem lantgerichte zu Sulczbach ligen, die auch uff demselben lantgerichte zu Sulczbach furgewendet und verrichtiget werden. was auch schulde oder spruch antriffet,
da sollent des obgenanten unsers lieben vettern herczug
Ludwigs armenlute gewiset werden in die gerichte, daryn
sie gehören alles ungeverlich. item als von des dorffes
zu Steckelsperge wegen, da ist in der gutlichkeit beredte
und beteidingt: als der wegk durch das dorff zum Steckelsperge geet bifs zu dem bronnen und furbas gein
Hagenhusen in den furthe, was jenesijt des weges zu
der rechten hant lige, das daz uff dem lantgerichte zu
Sulczpach die zijt und so lange der obgenant unser lieber
vetter herczug Ludwig nit zu sinen jaren komen ist, furgewendet und verrechtiget werden solle. was aber uff
der lincken sijthen lige gegen Heinberg, das das uff dem
lantgericht zu Amberg furgewendet und daselbs verrech-

tiget werden solle. und solichs von des dorffes Steckel-
bergs wegen sol beidersijt gehalten werden als lange,
bifs der obgenant unser lieber vetter herczug Ludwig
zu sinen jahren komen ist als vorgeschriben stet, doch
beiden herrschaften an iren rechten one schaden. und
was ein pfalczgrave bisher besessen und genofsen hat,
das sol der obgenant unser lieber vetter herczug Ludwig
furbas auch geniefsen, als sich geburet an geverde. item
von des kirchtages wegen zu Wifsemberg ist berett in
der gutlichkeit, das wir herczug Johans soljch spenne,
als von desselben kirchtags wegen, bringen sollen an die
hochgeborne fursten unser lieben swecher und swager
herczug Ernsten und herczug Albrechten daranzusin
und zu werben uns zu gonnen, die spenne, als von desselben kirchtags wegen, zu Wifsemberg an ettlich, die
von beiden sijten darczu gegeben werden sollen, zu
stellen zu erkennen lassen, von wem der obgerurt kirchtag zu Wyfsemberg geschützet und gehandhabt werden
solle, das daz furbas dabyblibe und gehalten werde.
wer' es aber, das uns herczug Johansen solchs nit gegonnet werden mochte, so sol der obgerurt kirchtag zu
Wyfsemberg beidersijt unbeschuczet verliben alslange,
bifs der obgenant unser lieber vetter herczug Ludwig zu
sinen jaren komet und er oder sin erben sin landt zu
Beyern wieder zu yren handen nemen werdent. item als
von spenne wegen, die der obgenant unser lieber vetter
herczug Ludwig gein den von Sulczbach meinte zu han,
nemlichen: als die von Sulczpach Beheim und andere
understen zu geleiten durch Hanbach und Gebenbach bifs
gein Hirsauwe, da der obgenant unser lieber vetter herczug Ludwig meynet, das yme solich galeyte zustee;
item das sich die von Sulczpach eines bergwerks zu
Wyfsemberg underczogen haben, das die von Amberg
vormals gearbeit han, und des obgenanten unsers lieben

vettern herczugs Ludwigs meynunge ist, das es in sinen
lando lege und sih eigetum sij. item das sie den von
Amberg understen ein bergwerk zu weren zu Weyfscm-
bach und sich aller herlfobkeit mit wiltpennen halfsge-
richten und ander zugehorünge underzichen biss an die
Vielse, [Vils] da der obgenant unser vetter herczug Ludwig meynet, das sie dasselb nicht zu thund han oder
haben sollen in dehin wise. item das sie zu Hanbach
an der Vielse anheben und jagen von dannen bifs gein
Sulczpach, da doch der obgenant unser lieber vetter
herczug Ludwig auch meynte, das der wiltpant daselbs
zu siner herschaffte und nit gein Sulczbach gehore etc.
off die obgerurten spenne, die herschaft Sulczpach antreffend, ist berctt in der gutlichkcit, das wir herczug
Johans unsern flifs und ernste tun und zu den herren
von Beyern, die das beruret, trefflichen schicken und an
sie werben lassen sollen, das sie solicher obgerürter
spenne mit dem obgenanten unserm vettern herczug
Ludwigen dem pfalczgraven zu ende und ufstrag komen
sollen, das wir auch also mit flifs und ernste durch uns
selbs oder die unsern tun wollen. und wer' es, ob uns
herczug Johansen von den herren von Beyern, die das
berüret, mit gefolgen mocht, so wollen wir ine solche
pfantschaffte, soferre an uns ist, absagen und unser gelt
nemen, als sich geburet, off das wir solicher saoho gein
dem obgenanten unserm lieben vettern herczug Ludwigen
und siner herschafft der Pfalcze furbas unverdacht und
unbekomert bliben mogen. und das solicher gutlicher
und fruntlicher ubertragk uff alle obgertirte stucke puncte
und artickel, wie die innehalten und vorgeschriben sten,
mit unser beider herczug Johansen und herczug Otten
gebrudere obgenant gutem willen und wissen geschoen
zugangen beredt und beteidingt sij, und das wir dem
auch uffrecht und redolichen nachkomen tun und vollen-

furen sollen und wollen, so hat unser iglicher sin inge-
siegel zur ukunde an diesen brieff tun hencken, der gehen
ist zu Amberg off donrstag den achten unsers herren
fronlichnams dag in dem jare, als man zalte nach Christi
unsers herren geburte vierczeenhundert drifsig und
sieben jare.

(Original mit 2 Siegeln im Reichsarchiv.)

XVIII.
1437, Juni 13.

Herzog Otto, kurpfälz. Vormund legt die Zwistigkeiten seines Bruders Johann mit dem Ritter Heinrich Nothaft zu Werremberg gütlich bei.

Wir Ott von gotts gnaden pfalczgrave by Rine
und hertzug in Beyern bekennen und thun kunt offenbar
mit difsem brieve: als spenne und zweyunge gewest sind
zwischen dem hochgepornen fursten herrn Johannsen
pfaltzgraven by Rine und hertzugen in Beyern unserm
lieben bruder an einem und unserm lieben getruwen
Heinrich Notthafften von Werremberg ritteren an dem
andern teyle, darumb sie off hut datum difs brieffs einen
gutlichen dag vor uns und etlichen unsern und der Pfaltz
treffenlichen reten geleystet hant, und als der obgenant
unser bruder hertzug Johanns Heinrichen Notthafften obgenanten zugesprochen hat, zum ersten als von des uber-
zugs wegen, so der obgenant Heinrich Notthafft vor zyten
uber die Ramsperger und fur das slosse Ramsperg gethan habe uber und widder solche vorworte und zusag-
unge, so derselbe Heinrich Notthafft dem obgenanten
unserm lieben bruder hertzug Johannsen gethan und yme
als er meynt versprochen soll han, solchs nit zu thunde,

und auch von der losunge wegen des slosses Beylstein,
das des obgenanten unsers lieben bruders eigenthum sy,
daran ino der obgenant Heinrich Nothafft geieret habe etc.;
item von der gefangen wegen, die der obgenant Heinrich
Notthafft und die sinen gefangen haben zu der zyt, als
die Beheim by Chamb nyddergelegt worden sin, und der
obgenant unser lieber bruder meynt, das er ime dieselben
gefangen geantwort solt han, nachdem ime die zustunden;
da aber derselbe Heinrich meynet, das er derselben nydderlage halben auch grossen kosten und schaden an
hengsten pferden und anders gelietten und genommen
habe etc.; item von des guts wegen, das der dechand
zu Chamb vor ziten nach tode gelassen hat; item von
eines gultbuchs wegen zu Chamb, das dem obgenanten
unserm lieben bruder zu der zyt, als der obgenant Heinrich Notthafft ime die statt Chamb widder ynne und zu
sinen handen geben habe, verloren worden sy; item das
der obgenant Heinrich Notthafft zu der zyt, als er des
obgenanten unsers lieben bruders hertzug Johannsen
amptman zu Sultzbach gewest sy, mee ingenomen soll
han, dann yme geburet habe von sins soldes wegen,
dargein aber derselbe Heinrich Notthafft meynet, das ime
desselben sins soldes noch ein teyle von dem obgenanten
unserm lieben bruder hertzug Johannsen unbezalt ufsstee;
item das Heinrich Notthafft zu der zyt, als er des obgenanten unsers lieben bruder hertzug Johannsen globter
und bestallter rate amptman und diener gewest sy, auch
ander herren diener worden ist und den mee dann yme
gewartet, und doch deste myner nit von ime genommen
habe; item das Heinrich Notthafft obgenant dem obgenanten unserm lieben bruder hertzug Johannsen geschrieben und ine gebetten habe, sich eins rechten zwischen
dem erwurdigen in gott vatter hern Conraden bischoff
zu Regensburg seliger gedechtnisse und unserm lieben

getruwen Heymaran Notthafft sinem sone zu verfahen und
anzunemen, und das derselbe Heinrich Notthafft daruber
von unserm gnedigsten herren dem keyser commissarien
und verbietungs brieff herworben und die sachen für den
hochgebornen fursten hern Friedrichen marggraven zu
Brandemburg und burggraven zu Nuremberg unsern lieben
ohemen understanden habe zu ziehen etc., daruff der obgenant Heinrich Notthafft sin antwort gethan hat, und,
als wir ansprach antwort widderrede und nachrede brieve
und anders, was dann igliche parthy luden und herzelen
hat lassen, eigentlich verhoret han, da haben wir an
den obgenanten unsern bruder hertzug Johannsen, auch
an Heinrichen Notthafft rittere obgenanten begeret und
gesonnen, das sie solche spenne zu uns setzen und uns
die begeben wolten, also wir sie in der gutlickeit darumb
entscheiden und setzen wurden, das sie uns des verfolgen
und gentzlichen beydersyt halten wolten, das auch der
obgenant unser lieber bruder hertzug Johanns und Heinrich Notthafft also gethan und uns die spenne in obgerurter massen ubergeben haben. und herumb so setzen
und entscheiden wir den obgenanten unsern lieben bruder
hertzug Johannsen und Heinrich Notthafften von Werremberg rittere obgenanten in der gutlickeit in massen hernach geschrieben stet: zum ersten umb alle solche kosten
und schaden, wie der obgenant unser lieber bruder hertzug Johanns die des obgenanten Heinrich Notthaffts
halben als er meynt genommen und gelietten hat, es sy
von der Ramsperger oder von ander sachen wegen. auch
fur andern unwillen, als derselbe Heinrich den obgenanten unsern lieben bruder geunwilliget hat, setzen und
entscheiden wir in der gutlickeit, das derselbe Heinrich
Notthafft dem obgenanten unserm lieben bruder hertzug
Johannsen, oder ob er von todes wegen abegeen wurde,
das gott verhute, sinen erben drü gantz jare, nebst nach

datum difs brieffs nacheinander volgende, salbzwentzigst
gewapent und mit zwentzig pferden zu allen yrn kriegen
sachen und gescheften, wann sie das an yno gesynnen
und inne des ermanen, off des obgenanten unsers lieben
bruders hertzng Johannsen und siner erben kosten und
futer und desselben Heinrich Notthaffts scheden dienen
ryten und gewarten soll getruwelich ane alle geverde,
ufsgenomen widder die, den er mit glubden und eyden
verbuntlich ist. und unser lieber bruder hertzng Johanns
noch alle sin erben sollen heruber von der obgerurten
spenne und zweyunge wegen, es sy von des geltes wegen,
so der obgenant unser lieber bruder meynet, das Heinrich
Notthafft obgenant ingenommen soll han zu Sultzbach
uber sinen verdiensten sold oder umb andern obgerurten
unwillen kosten oder schaden, nichts ufsgenommen, kein
ansprach oder forderunge furbafs mee an den obgenanten
Heinrichen Notthafft noch an alle sin erben und nachkommen haben noch gethun durch sie selbs noch nyemand
anders von iren wegen in dhein wise. desglichen soll
auch der obgenant Heinrich Nothafft der obgerurten spenne
halp, besunder von kostens und scheden wegen, so er
in der obgerurten nydderlage by Chamb genommen und
gelietten hat, es sy an hengsten pferden harnasch oder
anders, nichts ufsgenomen, und auch von des gelts wegen,
das er meynet yme von des ampts wegen zu Sultzbach
noch ufssteen solle, furbas nymermee zu ewigen zyten
an den obgenanten unsern lieben bruder hertzng Johannsen
und alle sine erben kein ansprach oder forderunge gehaben noch gethun durch sich selbs noch nyemand anders
in dhein wise ane alles geverde sunder es soll off alle
vorgerurte spenne und artickel zwischen dem obgenanten
unserm lieben bruder hertzng Johannsen und sinen erben
und dem obgenanten Heinrichen Nothafft und sinen erben
ein gantzer luter ubertrag richtunge und verzieh sin und

bliben, und kein parthy soll das gein der andern furbafs
nit mee in argem furnemen rechen anden oder eyffern
in dhein wyse alle geverde und argeliste gentzlich ufs-
gescheiden. auch so soll difse unser rachtunge dem obgenanten userm bruder hertzug Johannsen an der losunge,
die er an dem slosse Beylstein hat, keinen schaden oder
unstatten bringen gein unserm vettern von Beyern, die
das innhaben, und solcher commissarien brieff, so Heinrich
Notthaft obgenant an unserm allergnedigsten herren dem
keyser off den obgenanten unsern lieben ohemen herrn
Friedrichen marggraven zu Brandemburg etc. erworben
hat, soll auch abesin, und der obgenant Heinrich noch
nyemand der sinen soll des furter gebruchen in dheine
wise alles ungeverlich. auch wer' es, ob der obgenant
unser lieber bruder hertzug Johanns Heinrichen Notthafft
rittere obgenant von des gultbuchs wegen, das zu Chamb
verloren ist, forderunge nit herlassen wolt, so soll ime
derselbe Heinrich Netthafft das recht darfur thun, als
sich geburet. des zu orkunde so haben wir unser inge-
siegel an dissen brieff thun hencken. datum Amberg
quinta feria ante beatorum Viti et Modesti martyrum
anno domini millesimo quadringentesimo tricesimo septimo.

(Original mit S. im Reichsarchiv.)